고3
학습
완전정복

북오션은 책에 관한 아이디어와 원고를 설레는 마음으로 기다리고 있습니다. 책으로 만들고 싶은 아이디어가 있으신 분은 이메일(bookrose@naver.com)로 간단한 개요와 취지, 연락처 등을 보내주세요. 머뭇거리지 말고 문을 두드리세요. 길이 열릴 것입니다.

고3
학습
완전정복

초판 1쇄 인쇄 | 2012년 12월 28일
초판 1쇄 발행 | 2013년 1월 5일

지은이 | 성민수
펴낸이 | 박영욱
펴낸곳 | 북오션

경영총괄 | 정희숙
책임편집 | 이상모
편집 | 임은희 · 주재명 · 권기우
마케팅 | 최석진
표지 및 본문 디자인 | 서정희
디자인 | 최희선
법률자문 | 법무법인 명율 대표 변호사 **안성용**

주 소 | 서울시 마포구 서교동 468-2번지
이메일 | bookrose@naver.com
트위터 | @Book_ocean
페이스북 | bookocean
카 페 | http://cafe.naver.com/bookrose
전 화 | 편집문의 : 02-325-5352   영업문의 : 02-322-6709
팩 스 | 02-3143-3964

출판신고번호 | 제313-2007-000197호

ISBN 978-89-6799-003-9 (43370)

*이 도서의 국립중앙도서관 출판시도서목록(CIP)은 e-CIP홈페이지(http://www.nl.go.kr/ecip) 와 국가자료공동목록시스템(http://www.nl.go.kr/kolisnet)에서 이용하실 수 있습니다. (CIP제어번호 : CIP2012005731)

고3
학습
완전정복

성민수 지음

북오션

300일간의 전력 질주

≪6개월 공부법으로 입시 5관왕이 되다≫라는 책을 낸 적이 있다. 상당히 오래 전부터 준비했지만 우여곡절 끝에 약간 늦은 타이밍에 출간한 책이었다. 입시에 대해 평소 내가 하고 싶던 이야기를 그 책에 정말 많이 담았는데, 한 문장으로 요약하자면 '본인의 분수를 냉정하게 파악한 뒤, 현실에서 버틸 수 있는 최소한의 토대를 마련하기 위해서 공부하라' 는 것이었다. 고3 학생들에게 하고 싶은 말도 비슷하다.

나는 현재 한의사다. 그리고 그간 지나왔던 학력과 경력은 의대 중퇴, 건축과 졸업, 치대 합격, 삼성SDS IT 프로그래머, MBC라디오 건강 상담, 의학 토론 프로그램 패널, 과외교사, 스포츠방송 해설가, 번역 작가, 포털사이트 Daum과 스포츠서울 칼럼리스트 등 다양하고 일부 경력은 지금도 지속되고 있다. 이런 다양한 경험 속에서 내가 느낀 인생을 그대로 이야기하다 보니 다른 학습서들과는 다른 면이 많이 있었다.

고3을 위한 학습서를 쓰고 있는 현재도 그 입장은 마찬가지다. 인생은 학력으로 모든 것이 해결되지 않는다. 인생을 살아나가는 필요한 기반에는 여러 가지 요소가 복합적으로 적용된다. 재력, 인맥, 정보, 인상, 품성, 언변, 순간판단력, 친화력 등에 학력이 덧붙여지는 것이다.

그럼에도 불구하고 상대적으로 인생을 안정적인 자리로 이끌어주는 것이 공부다. 물론 공부를 하는 것은 쉽지 않다. 공부를 못하더라도 타고난 끼나 외모로 성공한 사람들이 현실엔 분명 존재하니까 그들이 걸었던 길이 쉬워 보일 수도 있다. 하지만 그들은 극히 일부의 사례일 뿐이다. 방송가에는 정말 예뻐서 말문이 막히게 만드는 이들도 있지만 그들 모두가 성공하는 건 아니다. 방송가에서 불러주지 않아 생활고에 시달리는 이도 적지 않다.

나는 다양한 분야에 종사했고 지금도 그런 상황이지만, 그나마 공부를 하는 게 안정적으로 성공할 확률이 높다고 본다. 나이 든 사람의 고리타분한 소리라 생각하지 말고, 공부가 그나마 안정적인 인생 설계라는 경험을 통해 고찰의 결과를 얻었음을 참조했으면 하는 심정이다.

나는 다양한 일을 경험하는 과정에서 적잖은 이들이 비열하게 뒤통수를 치고 들어오는 걸 목격했다. 그 와중에 실력으로 내 자리를 차지하게 해준 것은 공부와 입시였다. 내 삶은 그리 쉽지 않았다. 1993년 대학에 입학했고 미군 부대에서 카투사로 복무한 뒤 복학했다. 이후 IMF가 터졌지만 회사에 들어갔다. 하지만 회사는 엄청난 장벽과 같았다. 자신의 이름을 건 일을 해야 한다는 생각으로 고민하다가 2년 2개월 만에 퇴사했다.

내가 사자가 아닌 이상 사자처럼 싸우는 것은 불가능했다. 난 늑대나 하이에나처럼 내 자리를 찾으려 했고 그 돌파구가 입시였다.

짧은 기간 공부해서 나이 30에 의대에 편입했다. 하지만 아쉬움이 남아 휴학 상태에서 2004년 수능에 응시했다. 수능 3개월 전 본 모의고사에서는 예상석차 19%가 나왔지만 실제 입시에서 수리/과탐/외국어 평점으로 0.25~0.3%가 나오는 대박을 쳤다. 치대와 한의대 두 곳에 동시에 합격했다. 졸업까지의 기간이 짧고 나이든 후배를 거부감 없이 받아들이는 문화가 형성되어 있는 한의대로 진로를 택해 결국 오늘에 이른다.

첫 입시에선 전국 어디든 갈 수 있는 점수가 나왔었고, 의대는 잠깐 공부해서 편입했었으며, 수능 5개월 독학으로 0.25~0.3% 사이가 나왔으니 입시만을 놓고 보면 나는 꽤 할 말이 많다고 생각된다.

혹자는 건축학과의 인기가 최고일 때 입학한 후 학과의 인기가 없어진 것을 보고 내가 실패했다고 생각할지 모르나 나는 현재에 만족한다. 내가 손댄 분야에서 못한다는 소리를 들어본 적이 없고 최근엔 한의사 대표로 방송에 나갈 정도로 속도가 빠르고 결과가 괜찮다. 그런 경쟁력의 비법을 여러분과 공유하고 싶다.

세상을 평면적으로 보는 다른 책들과 달리, 이 책을 통해 수험생들이 하나라도 건졌으면 하는 심정으로 실수담이나 세상에 대한 관점, 그리고 경험을 말해줄 것이다. 또 몇몇 특이한 공부 방법은 분명 단기간 성적 향상에 도움이 될 것이다.

공부를 왜 해야 할까? 수험생들은 모두 자신만의 꿈을 가지고 있다. 그 꿈을 이루기 위해서는 더 심도 깊은 교육이 필요한 경우가 많고, 대학은 그 꿈을 이루기 위한 통과점이다. 따라서 대입은 미래를 위한 중요한 전환점이 된다.

사람은 노력을 통해 인생을 바꿀 수 있고, 그런 경험이 있다면 더욱 많은 노력을 바탕으로 계속 좋은 일들을 만들 수 있다. 나는 건축을 했고 문화예술에 관심이 많으며 스포츠 해설을 하면서 사람의 몸에 관심이 커져서 의료 일을 시작했다. 과거 방송을 하면서 터득한 노하우를 살려 한의사 자격으로 MBC 라디오에 2년간 출연했고 방송 프로에도 고정으로 나가는 등, 노력과 경험으로 새로운 길을 가고 있다. 한 분야에서 노력한 바탕은 다른 분야로 쉽게 진입할 수 있게 하고 좋은 시작의 선순환이 된다. 여러분과도 그런 좋은 흐름을 같이 나누고 싶다.

성민수

차례

Part 1

수능
D-300

내 목표를 최종적으로 확인하자

"내가 정말로 원하는 게 뭐지?"

사람들은 이런 화두로 끝없이 고민한다. 사실 이런 고민은 어른이 되어서도 여전하고 필자 역시 그런 고민을 많이 했다. 내 이력엔 학문적으로 한의대 졸업, 건축과 졸업, 의대 중퇴, 치과대 등록 포기가 있고, 직업적으론 MBC라디오 건강 프로 게스트, 프로레슬링 및 격투기 해설위원, 칼럼리스트, 잡지 기고, 방송 번역작가, 삼성SDS 프로그래머, 과외 강사 등이 있다. 향후에 사업을 벌일 계획도 있으니 어떻게 보면 남들이 해본 것은 다 해봤다고 할 수 있다. 그리고 경험했던 모든 분야에서 못한다는 말을 들어본 적이 없다.

내 이력은 보는 관점에 따라서 무척 복잡하고 갈지자 행보로 보이지만, 내 목표가 바뀐 적은 없었다. 왜냐고? 난 내 이름을 걸고 전문적인 일을 하겠다는 목표가 있었기 때문에 이 모든 이력은 같은 맥락이었다. 어느 정도 적성이 있는지, 남들에게 어떤 평가를 받는지가 문제였을 뿐이었고, 결국 돌고 돌아서 뜻을 이루었다.

예전 건축과 대학동기들 중에선 건축가가 되기 위해 유학까지 갔다가 다른 업종으로 전환한 이들이 적지 않기에 내가 그리 늦었단 생각은 안 든다.

사실 미래는 알 수가 없다. 내가 19세이던 시절 의과대학은 지금처럼 높은 학과가 아니었고 서울대 의대도 서울대에서 최고 점수 학과는 아니었다. 지금 점수가 높은 학과도 미래에 어떻게 될지는 알 수 없다. 결국 적성을 잘 파악하고 내가 잘할 수 있는 부분을 찾는 게 중요한데, 이것 역시도 사실 정확히 알 수 없는 부분이고, 적성이 잘 맞는다고 하더라도 세상이 인정하지 않으면 아무런 소용이 없다.

이렇게 말하면 대학 입학의 의미를 폄하하는 것으로 들릴지 모르겠지만 사람이 정말 원하는 바는 바로 알 수 없기에 살면서 탐구해나가는 자세가 필요하다는 말이다. 심지가 굳으면 어릴 때 정할 수도 있고, 다른 관심사가 생기면 이후에 수정하는 것도 그리 이상한 일은 아니란 말이다. 인생엔 변수가 있다. 계속 내가 가야 할 길을 탐구해야 하며, 목표는 크게 잡은 뒤, 상황 따라 변화를 주는 탄력성이 중요하다.

목표를 세우자 ||||

목표는 어떻게 세울까? 우선 자기에게 맞는 걸 찾아야 한다. 나의 예를 들자면, 언어영역보단 수학이나 과학을 잘하는 이과 스타일이었기에 문과 쪽 진로는 생각조차 안 했었다. 어쩌다가 보니 스포츠 칼럼을 쓰고 있지만 전업 작가나 소설가가 되겠다는 생각은 단 한 번도 한 적이 없고, 어린 시절 글짓기 대회에서도 이미 허술한 실력을 확인했기에 더욱 그랬다. 운동, 음악, 예술 계열 역시 탁월한 면이 없었기에 진로 선택이 어렵지 않았다.

난 고교 1학년 때는 의사, 2학년 때는 치과의사, 3학년 때는 건축가가 목표였다. 우선 내가 잘했던 과목이 수학, 영어, 과학이었고 이과적인 스타일이며 전문 자격을 갖고 활동하길 원했기 때문이었다. 연세대가 괜히 멋져 보여서 서울대나 연세대의 의대, 치대, 건축 중 하나를 진학하겠다고 생각했다. 지금 배치표와 달리 당시엔 점수가 비슷한 학과들이었다.

각자 자기가 잘하거나 흥미로운 걸 선택하란 말이다. 나에게 만약 국문학을 하라면 숨이 막혔을 것이다. 미래를 내다본다는 전문가들도 10년 뒤는커녕 5년 뒤를 다 맞추기도 힘든데, 어린 나이에 30년 뒤에 뭐가 될지를 아는 것은 사실상 불가능하다. 따라서 미래 전망보다는 자신의 장단점을 파악한 뒤 그쪽 방향을 염두에 두고 나아가는 것이 좋다.

요즘 가장 각광을 받는 의대에서 전문의까지 마쳤음에도 다른 일을 시작하는 분도 있을 정도로 각자 사는 방식은 다르다. 하지만 그 과정에서 어느 정도 방향성은 유지되므로 내 목표를 어느 정도는 파악하라는 말이다.

학생의 입장에서 직업세계를 파악하는 것은 불가능하다. 우선 내가 이과적 스타일인지 문과적 스타일인지를 정한 뒤, 사람을 상대하는 것이 편한지 불편한지를 알아보는 것도 좋다. 안정을 희구하는 스타일인지 모험을 좋아하는지도 고민해보고 말을 잘하는지의 여부, 자신감은 어떤지도 고민해서 목표를 정하는 게 좋겠다.

물론 내가 어떤 입학 성적을 거둘지도 알 수 없고 졸업 후 그대로 나갈지도 알 수 없기에 항상 가변성은 필요하다. 하지만 본인에게 맞는 일을 하면 발전할 가능성이 높으니 자신을 냉정하게 돌아보고 방향을 잡는 것이 중요하다.

창피한 이야기이지만, 난 어릴 때 개구리를 밟았다가 터진 일이 있어서 해부에 대한 두려움이 있었다. 수학이나 과학을 잘해서 이과의 전문직을 생각했지만 그 두려움이 의대를 멀리한 이유가 되었을 것이다. 건축과는 예술과 맞닿아 있는 것 같은 느낌에 건축가를 목표로 잡고 입학에 성공했다.

하지만 졸업할 때가 되자 건축 경기가 상당히 어려워졌고 우리 사회가 건축가를 그리 필요로 하지 않는다는 생각이 들어서 급히 IT(정보통신업)으로 선회했다. 그때 스포츠 해설 일이 들어왔고, 회사 몰래 일주일에 한두 차례 주말이나 야간에 녹화를 하며 주말에는 번역 일을 했었다.

건축과는 재미있었지만 비전이 애매했고 해설 일은 무척 재미있었지만 이 역시 너무 불안정했다. 삼성 SDS라는 대기업에 다니긴 했지만 IT 업종이라 하루 종일 컴퓨터를 보면서 프로그래밍을 하자니 너무 안 맞았다. 이에 어릴 때 선택하지 않았던 길인 의료로 선회했다.

퇴사 후 의대에 편입하긴 했지만 30세에 본과 1학년부터 시작하려니 갑갑한 마음이 들어서 다시 수능을 봤고 결국 한의사가 되었다.

이런 일련의 과정이 사실 정상은 아니다. 그래도 내 장점을 찾아서 갔으며 어느 정도 가시적인 성과는 이뤘다고 본다.

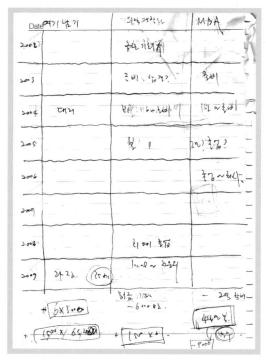

허술하게나마 인생을 설계했다

나의 경우엔 공부를 바탕으로 목표를 찾아갔지만 꼭 공부만이 방법은 아니라고 생각한다. 다양한 분야에서 각각 성공한 사람들은 그 나름의 성공비결이 있으니까. 하지만 그들과 똑같이 하더라도 다 성공하는 것은 아니다. 어떤 분야든지 목표의식을 가져야 하고 그중 공부로 뭔가 이루는 게 가장 확률이 높다고 생각된다.

　시작이 반이라고, 일단 해야 할 일을 정하는 것은 중요하다. 그럼 구체적으로 목표를 세우는 법을 살펴보자.

목표를
계량화하기

02

최근 공개 오디션 방송이 인기다. 가수가 되고 싶은 사람에게는 좋은 기회다. 여기에는 가수를 목표로 정한 사람이 응시한다. 당연하게도 남 앞에서 노래하는 자체를 민망해하는 사람은 도전하지 않는다. 적어도 목표를 갖고 있어야 도전을 한다. 성공 여부는 이후 진행 상황에 따라 결정될 것이지만 목표가 있어야 가능성이라도 있는 것이다.

지금 이 순간에도 사실 골프 천재지만 전혀 접해보지 않아 재능을 발휘하지 못하는 사람이 있을지도 모른다. 여러분이 그런 사람일 수도 있지만, 현재 골프는 별로 안 좋아하고 접해볼 기회도 없다면 여러분의 길이 아니라는 거다. 결국 재능과 적성을 찾아서 거기에 도전하고 성과를 내는 것이 중요하단 말이다.

목표를 정하는 건 중요하다. 목표가 없다면 그게 될 리가 없다. 내 재능과 관심사가 목표와 괴리가 있다면 인생은 편치 않다.

그럼 어떻게 해야 할까? 가변성이 많긴 하지만 자신의 장단점을 살펴보는 게 좋다. 물론 싫은 일을 하면서 살 수는 있다. 어른들을 보더라도 모두 적성대로 사는 것이 아니다. 사람은 시키는 일은 웬만하면 어느 정도는 한다. 하지만 한 번 사는 인생, 즐겁고 재미있게, 최소한 스트레스가 상대적으로 적으려면 나에게 맞는 일을 찾는 게 좋다.

나의 경우는 프로그래머로 일할 때가 최악이었고 해설자가 제일 쉬웠고 의료 역시 적성에 맞았다.

다음은 진로를 찾는 법이다. 시간이 촉박한 고3이기에 더욱 진로를 생각해야 한다. 진로를 생각하지 않으면 더는 이 어려운 시기를 견뎌내지 못한다.

적성 탐구 ｜ ｜ ｜

❶ 이과적 스타일인지, 문과적 스타일인지.
　수리에 강한지 문학에 강한지, 감성적인지 이성적인지.

❷ 사람을 상대하는 것이 편한지 불편한지.
　남들과 있는 게 좋은지 혼자 조용히 있는 게 좋은지, 전자는

영업이나 대인관계가 필요한 직업, 후자는 연구직이나 혼자 하는 일.

❸ 모험을 좋아하는지, 안정희구 스타일인지.
전자는 사업이나 자영업, 후자는 공무원, 교사 등의 안정적인 직업.

❹ 말을 잘하는지의 여부.
무엇을 하더라도 화술은 중요하다. 말을 잘 못하더라도 말을 잘하도록 노력하고, 잘 안 되는 경우라면 연구직이나 프로그래머 같은 직업을 고민해야 할 듯.

❺ 대인관계에서의 자신감.
이건 적성이라기보다 이후 찾아야 할 덕목이다. 외모, 패션, 어조 등 자신감이 드러나야 한다. 자만심과는 다르다.

목표를 세우기가 어렵다고 생각할 때, 내가 하고 싶은 게 무엇인지, 나의 적성이 무엇인지를 고민하면 답을 낼 수 있다. 자기의 욕망에게 질문을 해보는 것이다. 물론 실현 가능성은 당연한 고려대상이다.
내가 뭘 잘하는지, 뭘 좋아하는지도 영원한 건 아니다. 적성이란 것을 고민하는 자체가 어떻게 보면 배부른 소리라고 말하는 이들도 있다. 그만큼 현실은 복잡하지만 사실 인간의 삶 자체가 평탄했던 시대는 없었다. 그렇기에 다양한 부분에서 접근하고 종합적으로 평가하는 것이다. 이런 방식은 외국에서 에이전트가 선수를 평가하는 방법에 사용한다.

야구로 보자면 타격, 수비, 순발력, 체력, 성격, 찬스에 강한지 여부 등의 다면적인 부분을 놓고 평가해 종합적인 리포트가 나가고, 그게 선수의 시장가치가 된다. 그걸 어느 정도 응용한 게 아래의 표다.

예시를 보자.

	비중	프로그래머	수의사	화학공학	아나운서
비전	3	7.5	8.5	8	9
나의 달성 가능성	5	8.5	7.5	8.5	7
적성	1	9	8.5	7.5	8.5
기회비용	2	8.5	8.5	8.5	9.5
은퇴 후	2	모르겠음	모르겠음	모르겠음	8
50대 이후	2	8.5	9.5	9	9.5
나의 선호도	2	8	8.5	8	9
타인의 선호도	1	9	9	9	9.5
대인관계	4	8	9	8.5	9.5
화술	2	8.5	9.5	8.5	10
체력	3	9.5	9.0	9.0	8.0

자신이 생각한 중요도와 하고 싶은 직업을 적어놓는다. 위의 범주에서 필요 없는 건 없애도 된다. 달성 가능성, 대인 관계 같이 중요한 부분은 비중을 높이 잡는다.

자기가 생각하기에 중요한 부분에 비중을 높이고, 각 부분 별로 점수와 비중을 곱한 뒤 총점으로 비교하는 것이다. 나를 중심에 두고 생각하는 것으로, 가령 아나운서라면 3×9, 5×7, 8.5×1 등의 방식으로 계산해서 달성 여부 가능성과 얼마나 원하는지를 계량화한다. 이렇게 하면 꿈을 객관화해서 수치로 환산할 수 있다. 그리고 자신이 원하는 것의 순위를 정해 매진하면 된다.

　꿈도 중요하지만 현실적인 부분을 생각하지 않는 것도 곤란하다. 고3 때 예체능으로 갑자기 진로를 바꾸는 문제는 좀 고민해야 할 부분이다. 철저하게 전략적인 입장과 적성을 고려해서 판단해야 할 일이다. 고등학교 1학년 때 갑자기 국가대표 축구 선수나 메이저리거를 꿈꾸는 것도 황당하지만, 위의 계산대로 실현 가능성이나 주위의 시선 등을 수치로 반영하면, 내가 정말 가야 할 길인지 결과가 나올 것이다.

수험생으로서의 목표

03

　입시는 아주 특수한 사건이다. 그러나 인생이라는 경로에서 본다면 입시나 병역은 통과의례로만 기억에 남는 경우가 많다. 그러니 나에게만 이런 시련이 있다고 착각하지 말고 현실을 받아들이는 게 속 편하다. 세상이 나에게만 이런 대우를 하는 것이 아니다. 과거 많은 이들도 이미 겪은 일이다. 사실을 따져보면 예전보다 수험생도 줄었고 공부의 양 역시 적어졌다. 현실로 받아들이는 게 속 편하다.

　필자도 최근 입시 제도나 사회 분위기가 계층 간 이동을 줄인 것 같아서 그리 마음에 드는 건 아니나 그래도 현재의 상황을 바꿀 좋은 수단 중 하나가 입시다. 시험 결과에 따라서 인생의 많은 부분이 바뀌기에 조금 더 나은 결과를 위해 다양한 시도와 노력을 하면 좋겠다. 그를 위한 실천적 목표를 제시하겠다.

하지만 목표의 실천 자체만을 중점으로 둬선 곤란하다. 수험생으로서의 궁극적인 목표는 점수의 상승이므로 언제든 수정이 가능해야 하며 가변적이어야 한다. 팡팡 놀다가 적당한 목표를 달성한 뒤 만족감을 느끼라는 게 아니라 컨디션이나 가변성을 고려해서 여유를 두고 학습에 임하고 결국은 시험에서 잘 봐야 한다는 뜻이다.

내가 일정의 노예가 되지 말라고 하는 이유는 과정이 스트레스가 되어선 곤란하기 때문이다. 특히 소심한 스타일, 한의학적으론 소음인에 해당하는 사람들은 남에게 뭐라 쏘아붙이지 못하고 조용히 자기에게 엄격한 편이기에 내신 성적에 충실하고, 과제도 아주 잘하지만 중요한 입시에서 심리적으로 위축되어 실수하거나 규칙에 얽매여서 일을 그르칠 가능성이 높다. 스스로에게 관대해지고 과정의 노예가 되지 않았으면 한다. 목표는 과정을 위한 가이드라인일 뿐이다.

기본 전제 | | |

내가 하고 싶은 것이 있다면 그걸 필수 공부 코스로 넣고 차근차근 준비하자. 중요한 건 내가 깨닫는 것일 뿐, 남이 세워준 진도는 그저 참조 사항일 뿐이다. 독학할 각오로 내용만 파악하면 된단 말이다.

나와 수준이 맞지 않는 공부는 낭비다. 너무 어려운 공부는 시간만 때우는 꼴이다. 반대로 너무 쉬운 수업을 예의상 들어줄 필요는 없다. 어차피 내 인생은 내 것이고 교사와의 인연이 평생 가지도 않는다. 나 역시 초중고 교사는 만나지 않아도 사는 데 별 무리 없었다. 인간적인 예의는 지키되 공부를 예의상 할 필요는 없다.

과외든, 학교 수업이든, 학원이든, 독학이든, 인터넷 강의든 나에게 맞는 코스가 있다면 그걸 기본 계획으로 설정하고 시간과 진도 단위를 쪼개서 숙지하도록 한다.

난 고교 시절 학교 수업 중 필요한 것만 듣고 나머지는 혼자 공부했다. 공립 학교였고 교사들의 열의가 없었기에 전혀 후회하지 않는다. 그 학교를 다녔다는 사실이 너무 아쉬울 뿐이다. 학원은 내가 택할 수 있으니 자유롭긴 한데 당시 우리 동네는 좋은 학원이 많지 않았던지라 그냥 자습과 과외 한두 개 정도를 가끔 하던 수준이었다.

수능 때는 독학으로 공부하면서 부족한 부분만 왕창 채우는 식으로 했는데, 결국 스스로 깨닫는 것이 중요하다고 생각했고 혼자 공부하면 생각을 많이 하게 되므로 수능 같은 시험에선 응용력이 생긴 장점이 있었다고 본다.

하루 단위 | | |

목표는 각 과목별, 단원별, 일자별로 나눌 수 있다. 노트에 적어가면서 열심히 기록을 남길 필요는 없다. 목표에 얽매이거나 어려운 목표를 세웠다가 충족하지 못해 스트레스 받기보단 적당한 목표를 설정해 달성하는 게 훨씬 더 낫다. 수학문제 30개를 풀거나 과학에서

한 장의 내용을 보든지 아니면 영어문제 몇 페이지 푸는 정도일 뿐이니까 이건 그렇게 어렵지 않다.

하루의 계획이라면 학생이나 학원생의 경우 주중과 주말이 다르고, 방학이 또 다르다. 300일 전이라면 방학 정도에 해당할 것이다.

일요일	내용	비고
오전 9시	언어	A교재 1/20 이상
점심	오답노트 보면서 식사	
오후 4시까지	수학	K교재 1/20 이상
저녁식사 전까지	과학	H교재 화학 1/5 이상
저녁식사	영어 문법책 체크 부분 보기	
9시까지	사회탐구 내용정리	C교재 1/5 이상
자기 전까지	미진한 부분 추가	마음대로 해도 됨

이는 실제 내가 썼던 방법이다. 매우 모호해 보일 것이니 설명을 하겠다. 각 교재 별로 분량을 정해놓고 하는데 1/20이란 건 기본교재가 40장으로 나뉘어 있으면 두 장을 본다는 말이다. 분량에 따라 개인이 나누면 된다. 구체적이지 않다고 할 수도 있겠지만 그건 각자 그날 결정하면 될 부분이 아닌가 싶다.

사람의 일이라는 게 목표대로 되질 않는다. 숫자를 정해 놓고 강박적으로 풀겠다고 들어가다가 오히려 문제를 파악하는 것보다 목표 달성이라는 엉뚱한 부분에서 압박을 받아 주객이 전도될 수 있다. 좀 느슨하게 계획을 잡고 목표를 빠르게 달성한 후 다른 것들을 공부하면 될 것이다.

일주일 단위 | | |

주 단위로 계획을 세우면 융통성이 생긴다. 나는 독학을 했는데, 그날 하기 싫은 과목이 있다거나 컨디션이 안 좋으면 쉬운 것을 하거나 다른 과목을 택했다. 대신 그 부족 부분은 다음에 하면서 결국 목표를 초과달성했다. 이렇게 몇 번을 다지면 기초 공사가 되고 틀린 것도 나중엔 이해하게 된다.

작은 목표를 적절하게 달성하는 과정은 적당한 긴장감을 주고 집중력 향상에도 좋다. 이를 온라인 게임으로 비유한다면 일련의 행위를 통해 레벨업하는 것이라 볼 수 있다. 물론 그게 쉽진 않고 나도 계속 벽에 부딪쳤으며 막판까지 가시적으로 보이는 것이 없어 괴로웠지만 어느 순간 트이며 결국 보상을 받았다.

나는 각 교재에 따로 봐야 할 분량을 묶어서 마킹했다. 처음에 1/20 정도 분량을 본다면 두 번 볼 땐 같은 시간에 1/10 정도를 볼 수 있으며 세 번째 보면 1/5 정도까지 볼 수 있을 정도가 된다. 결국 투여 시간은 대폭 줄고 반복학습도 가능하며 머릿속엔 더 많이 남는다. 이런 과정을 통해 난 메인 교재는 보통 5회 이상, 많으면 10회까지 봤고 덕분에 5등급을 헤매던 과학탐구는 백분위단위로 99까지 나왔다. 미션을 수행한다는 쾌감까지 더해지면서 학습에 효율이 붙었다. 이는 작은 목표 설정을 통한 반복학습의 덕분이라 본다.

다시 한 번 강조하지만 너무 계획을 치밀하게 세우지 않는 게 좋다. 나는 체력이 좋아 하루 15시간 정도를 공부했지만 가끔은 컨디션이 안 좋거나 졸릴 때가 있었기에 계획대로 못한 경우도 있다. 따라서 여유는 반드시 필요하며 계획의 노예가 되면 주객이 전도된다.

한 달 단위 ⅠⅠⅠ

한 달이란 시간에는 너무 많은 변수가 내포되어 있고, 나 자신도 어떻게 될지 알 수가 없다. 한 달 단위의 장기 계획 때문에 너무 스트레스는 받지 말길 바란다. 일주일 정도 계획이면 충분하고, 적당한 수준에서 목표를 잡아가는 게 좋다. 특정 책을 두 번 정도 본다고 느슨하게 계획 세우는 정도는 좋지만 세밀하게 짜서 실행하는 건 오히려 그게 스트레스일 수 있다. 차라리 모의고사 일정에 맞춰서 움직이는 게 더 낫다.

현재의 내 수준을 정확하게 파악하자

04

　목표를 달성하기 위해선 현재 자기 수준을 냉정하게 파악하는 작업이 중요하다. 하지만 한계를 긋지는 말길 바란다. 학교 내신 성적은 성실한 이들에게 잘 나오지만 수능은 모의고사와도 다른 시험이기 때문이다. 나는 항상 모의고사보다 입시가 잘 나왔다. 이는 케케묵은 과거 학력고사 시절에도 마찬가지였고 의대 편입이나 수능 때도 그랬다. 수능 모의고사에선 최고 잘 나온 게 3%였지만 실제 입시에선 수학/과학/외국어에서 0.25%가 나왔다. 그 비결에 대해서 책에서 자세하게 나오니 참조하시길 바라고 이렇게 운을 띄운 건 쫄지 말라는 뜻에서다.

　나의 수준을 파악하라는 건 한계를 그으란 게 아니라 현재보다 발전할 경로를 만드는 첫 작업을 하라는 것이다.

내 성향을 알자 ▮▮▮

체질일 수도 있고 성향일 수도 있으며 경향성이 될 수도 있겠다. 나를 예로 들자면 성격이 급하고 목표 지향적이며 할 일을 안 하면 직성이 안 풀린다. 승부에서 지면 억울해서 못 살고 뭐든 이뤄야 속이 시원한데 한의학적으론 소양인이고 약간 다혈질이며 차근차근 진행하는 일을 잘 못한다.

난 국어, 혹은 언어에서 별 재미를 못 봤는데, 입시에서 다른 과목 틀린 것을 합친 것보다 언어에서 더 많이 틀렸다. 내 장점은 영어, 수학, 과학 정도이고 단점은 내신 성적과 언어 영역이다. 교사들의 말을 잘 듣는 학생도 아니었고 내신 역시 빼어나진 않았기에 나 같은 사람은 수시가 많은 요즘 제도라면 별로 결과가 안 좋을 것이다.

나를 모델로 삼으라고 하는 말은 아니고, 각자 전형별로 틈새를 찾고 본인의 장단점을 파악해 부족한 걸 채워 넣으면서 입시 준비를 해야 한다는 점에서 이야기한 것이다. 나와 반대로 수능이 안 좋아도 내신이 괜찮으면 점수에 비해 좋은 학교를 갈 수 있다.

내 수준을 알자 ▮▮▮

너무 일반화시킨 듯하지만 보통 남학생들은 내신 성적이 약하고 수능이 강한 편이다. 대학에 가서도 학점은 여학생들이 좋은 편이다.

하지만 2011년 수능 시험에서 상위권은 남학생들이 더 많았다. 반대로 논술에서는 일반적으로 여성이 강한 편이라 하는데, 성별에 국한되지 말고 자신의 장점과 단점을 파악한 뒤 적합한 전형을 준비하는 게 좋다.

최근엔 내신/논술/면접/특기자/외국어/적성시험/봉사/입학사정관 같은 다양한 제도가 있는데 이들이 입시의 틈새가 될 수도 있다. 모의고사에 약하고 내신을 잘 하면서 과제를 꼼꼼하게 하는 스타일이라면 수시나 특별 전형을 노려보자.

모의고사를 좀 더 잘 보고 별로 겁을 안 내는 성격이며 좀 기발한 아이디어가 많은 스타일은 정시 제도가 더 낫다. 가장 좋은 건 다 잘 하면서 합격 가능성을 높이는 것이지만 자신의 성향이 특정 부분에 치우쳤다면 한쪽으로 모험하면서 다음 기회까지 염두에 두는 것도 해볼 만하다고 생각한다.

유리한 진학유형 파악   05

요즘은 대학에 들어갈 수 있는 방법이 정말 여러 가지로 다변화되었다. 여러 전형 중에서 나에게 가장 유리한 전형이 무엇인지를 사전에 파악하고 미리미리 준비하는 지혜가 필요하다.

최근 다양한 입학 전형에 대한 제도의 부실함이 문제로 불거지고 있어서 그 부분 역시 주목하면서 준비해야겠지만 당분간은 존속될 것으로 생각된다.

적성시험 ㅣㅣㅣ

학업 자질을 검사하기 위한 대학입학시험의 한 종류로, 일부 대학의 수시전형에 적용된다. 대학에 따라 '적성검사' '전공적성검사' '적성평가' '전공적성평가' '적성고사' 등 여러 가지 이름으로 불린다.

수능 수준의 지식을 요구하는 것은 아니며, 초등학교와 중학교, 고등학교 저학년 수준의 지식과 일반상식을 요한다. 다만 많은 문제를 짧은 시간에 풀어야 한다는 제약이 있다(60~80분 안에 80~120개의 문제를 푼다).

시험 분야는 크게 언어영역과 수리영역으로 나뉘며, 영역별 출제 분야는 아래와 같다.

❶ 언어영역 : 언어 논리, 언어 유추, 언어 규칙 등
❷ 수리영역 : 공간 지각, 공간 추리, 수리 계산, 수리 추리, 자료 해석 등

적성시험만 100% 반영하는 대학도 있지만, 대부분 학교생활기록부 점수와 일정비율을 혼합하여 적용하는 경우가 많다. 수능 최저학력기준을 요구하는 대학도 있으니 모집 요강을 꼼꼼히 살펴야 한다.

입학사정관제 | | |

점수만으로 평가할 수 없는 학생의 다양한 능력과 잠재력, 자질, 가능성 등을 다각적으로 고려하여 각 대학의 인재상이나 모집단위별

특성에 맞는 학생을 선발하는 전형을 의미한다. 에세이, 학교생활기록부, 자기소개서, 추천서, 봉사활동, 면접 등이 평가의 주요 대상이 된다.

2013년 기준 입학사정관 전형 선발 인원은 전체 정원대비 약 12.3%로 전년 대비 계속 증가하는 추세다. 정성적 선발에 따른 공정성 강화를 위해, 학생 제출서류에 대한 검증절차를 강화하고 표절 검색 시스템을 활용하는 대학이 늘어나고 있으므로 철저한 준비가 필요하다.

봉사활동 ㅣㅣㅣ

대입 전형 시, 지원 학생들의 학업성적뿐만 아니라 인성을 평가하기 위해 도입된 심사기준의 일종이다. 단순히 봉사시간이 많다고 해서 무조건 유리한 것은 아니다. 대학들이 봉사활동을 반영하는 이유는 인성평가를 위한 것으로, 보통 등급을 정해놓고 일정 시간 이상이면 해당 등급을 획득하는 방식으로 평가한다. 따라서 무작위로 시간만 늘린 봉사활동은 좋은 평가를 받을 수 없다.

특히 입학사정관제 같은 경우, 봉사활동의 시수보다는,

❶ 봉사성 : 얼마나 인성적, 희생적 내용인가
❷ 지속성 : 단발적 행사에 그치지 않고, 얼마나 지속적으로 참여했는가

❸ 계획성 : 지원한 전형학과와 얼마나 관련이 있으며, 그러한 활동을 통해 얼마나 많은 것을 배우고 느끼고 성장했는가

이런 3가지 요소에 평가의 중점을 두고 있으므로, 진로와 지원학과를 고려하여 그에 적합한 봉사활동 포트폴리오를 미리미리 준비해 두는 것이 바람직하다.

특기자 전형 ⏐⏐⏐

특별전형의 한 종류로, 특정 분야의 소질과 잠재력을 지닌 학생을 선발하는 방식이다. 그 전형이 목적으로 하는 특정 영역을 평가의 대상으로 삼기 때문에, 해당 분야에 대한 확실한 성취도와 실적이 요구된다.

예) 어학, 문학, 체육, 한문, 논리논술, 수학, 과학, 미술, 무용, 음악, 방송, 연극영화, 디자인, 컴퓨터, 발명, 로봇, 만화, 의상, 미용, 서예, 리더십 등

대학수학능력시험 ⏐⏐⏐

1994학년도부터 새로 실시된 대학입시제도에 따라 시행되고 있

다. 통합 교과서적 소재를 바탕으로 사고력을 측정하는 문제 위주로 출제되는데, 수험생의 선택권을 넓히는 한편, 출제 과목수는 줄여 입시부담을 덜어주는 데 역점을 두고 있다.

시험과목은 언어, 수리, 사회탐구·과학탐구·직업탐구, 외국어(영어), 제2외국어·한문 영역 등이다. 언어영역과 외국어영역에는 듣기평가가 포함되어 있으며, 수리영역은 가형과 나형으로 구분된다.

사회탐구영역은 윤리·국사·한국지리·세계지리·경제지리·근현대사·세계사·법과 사회·정치·경제·사회문화의 11과목 가운데 최대 3과목을 선택할 수 있다. 과학탐구영역은 물리Ⅰ·화학Ⅰ·생물Ⅰ·지구과학Ⅰ·물리Ⅱ·화학Ⅱ·생물Ⅱ·지구과학Ⅱ의 8과목 가운데 최대 3과목을 선택할 수 있다.

직업탐구영역은 농업정보관리·정보기술기초·컴퓨터일반·수산해운정보처리 등 컴퓨터 관련 4과목 가운데 최대 1과목, 농업이해·농업기초기술·공업입문·기초제도·상업경제·회계원리·수산일반·해사일반·해양일반·인간발달·식품과 영양·디자인 일반·프로그래밍 등 전공 관련 13과목 가운데 최대 2과목을 선택할 수 있다. 단, 직업탐구 영역은 전문계열의 전문 교과를 82단위 이상 이수해야만 응시할 수 있다.

제2외국어는 1999학년도부터 선택과목으로 도입되었다. 독일어·프랑스어·일본어·중국어·스페인어·러시아어·아랍어와 한문 등 8과목 가운데 1과목을 선택할 수 있다. 지원 대학에서 제2외국어를 입학전형에 반영하지 않을 경우에는 시험을 치르지 않아도 된다.

내신제 | | |

대학교 입학 응시자 선발과정에서 고등학교 때의 학업성적과 학교생활 전반에 걸친 종합적인 평가치를 반영하는 제도를 의미한다.

목적은 고등학교 교육정상화, 교권회복, 지역 간·학교 간 평준화 촉진 등에 있다. 1978년에 내신제도가 구체화되어, 1981학년도부터 내신성적을 대학입학시험에 반영하면서 매년 입시에서의 비중을 높여나갔다. 1995년 5월 31일 발표된 교육개혁방안(敎育改革方案)에 의하면, 국·공립대학의 학생선발제도에서 필수전형자료로 종합생활기록부제를 도입한 바 이것이 기존 내신제에 대한 개선안이다.

이 제도는 학생의 교과목 성취수준과 석차, 교과별 세부능력과 특기사항, 출결(出缺)사항, 특별활동, 단체활동, 봉사활동, 자격증 획득, 각종 대회 참가 및 입상성적, 성격 및 품성 등 전반에 걸쳐서 평가하도록 되어 있다. 1996학년도부터는 초·중등학교 전학년에서 동시에 실시하고, 1998학년도까지는 기존 생활기록부와 병용하며, 1999학년도부터 전면적으로 사용하도록 되어 있다. 대학입시에서는 1997학년도까지는 40% 이상, 그 이후는 대학 자율에 맡기도록 하였다. 현재는 상대평가제도인 내신 9등급제가 적용되고 있으나, 2014년부터 내신 절대등급제로 바뀔 예정이다.

논술 | | |

대학입시의 논술시험은 크게 '제시문' 과 '논제' 로 이루어진다.

제시문은 문제를 풀기 위해 학생들이 읽고 참고해야 하는 부분으로, 언어영역의 지문과 유사하다고 생각하면 된다. 논제는 학생들에게 '제시문을 읽고 ~에 대해 써라' 라고 요구하는 부분으로 '문제' 라고도 한다. 논제에는 크게 서술형과 논술형이 있으며, 서술형은 비교적 짧은 논술문으로 '서론-본론-결론' 의 완성된 형태보다 문제의 요구사항에 맞춰 작성해야 한다. 반면 논술형은 1000자 이상의 긴 논술문이다.

논술시험의 평가기준은 크게 이해력, 논증력, 창의력, 표현력으로 나뉘는데 이 4가지 요소가 논술이 요구하는 사고능력의 핵심을 이루기 때문이다. 대학마다 논술고사의 형태는 다르며, 서술형일 경우 이해력과 표현력에 배점이 높고, 논술형일 경우 논증력과 창의력에 높은 배점을 주는 경우가 많다.

면접 | | |

대입 면접은 수험생이 입학 후 전공을 공부하는 데 필요한 전문성과 인품, 적성, 기본 자질을 갖고 있는가를 평가하기 위한 시험이다.

❶ 인성적 자질(인성)

예의를 갖춰 적극적인 태도로 성실하게 답변해야 한다. 인성적 자질은 주로 수험생의 답변 내용이나 예절 등 외적 태도를 통해 드러난다. 능력 이상으로 중요하게 평가되는 영역이다. 특히 미래에 대한 목표의식과 책임감이 높게 평가되는 만큼, 자신이 이루고자 하는 비전과 그 비전을 위해 어떤 노력을 할 것인가에 대한 생각을 정리해 둘 필요가 있다.

❷ 학문적 역량(전공)

지원 대학과 학과 관련 정보를 충분히 숙지해야 한다. 전공과 관련된 시사적인 이슈도 알아두는 것이 유리하다. 사회적 이슈에 대한 질문을 통해 수험생이 가진 사고의 폭과 깊이를 확인할 수 있다. 사회적 이슈를 정리해 자신만의 노트를 만드는 것도 좋다. 이때 사회 현상의 원인과 타인의 의견을 참고해 같이 정리한다면 자신의 사고력을 확장시키는 데 도움이 된다.

❸ 사회적 역량(리더십)

사회적 역량에서 좋은 평가를 받기 위해선 분위기를 주도하는 적극성과 '상대방을 설득하는 논리'가 관건이다. 면접관이 반론을 제기할 때 자기와 생각이 다르다고 난색을 표하거나 머뭇거리는 자세는 좋지 않다. 상대방의 반론에 대해서도 두 견해의 장단점을 비교하면서 자신의 생각을 펼치는 것이 좋다.

현실적인 학습 계획표를 짜라

우선 하루 일과를 놓고 과목별 순서에 대해 이야기하겠다. 수업을 받는 고3의 경우나 학원에 다니는 입장에서는 조금 어렵겠지만, 가급적이면 수능시험과 비슷한 순서대로 공부하는 게 좋다. 오전에 언어 그 다음에 수학 그리고 탐구 영역을 보고 영어를 보는 순서가 좋다.

나에겐 언어가 제일 어려웠기에 오전에 맑은 머리로 공부하면서 이해하려 노력했다. 아침에 일어나서 언어를 본 뒤 수학문제를 풀면서 수능시험 시간과 비슷한 배치 순서로 공부했다. 아무래도 혼자 공부하니 내 맘대로 정할 수 있어 그랬는지는 모르겠다.

난 웬만하면 수능 시간표 순서대로 공부하는 게 낫다고 보지만 본인이 그런 걸 원하지 않는다면 다르게 해도 상관없다. 모의고사를 앞두고 다양한 실험을 하면서 스스로에게 맞는 형식을 찾는 것이 좋다.

나의 사례 │ │ │

나의 계획표는 그렇게 구체적이진 않았는데, 이는 단기 목표에 압박감을 느끼기 싫어서였다. 컨디션이 안 좋으면 누워서 공부하거나 쉬운 걸 봤고, 어떤 공부가 하고 싶으면 그것에 집중했는데, 하루 단위의 계획은 약간 즉흥적으로, 일주일 단위의 계획은 어느 정도 달성할 목표를 정했고, 한 달 단위 목표는 좀 더 구체적으로 정했다.

예를 들자면 한 달에 어떤 과목의 어떤 책을 몇 차례 보기로 하고, 그 책에는 정독한 횟수를 표기하면서 일주일 내에 얼마나 목표를 달성할 것인지 적당히 나눈다. 컨디션이 좋은 날엔 많은 부분을 보고, 그렇지 않은 날엔 복습 위주로 하면서 시간을 쪼개 썼다. 그렇지만 너무 촉박하게 계획을 짜지는 않았고, 대부분 목표를 초과 달성했다. 한 책을 한 달에 두 차례 본다고 목표를 정했지만 그보다 많이 봤다.

내가 다닌 자양고등학교는 공부를 잘하지 못하는 학교였다. 또 지금과는 달리 수시 같은 것도 없어 입시는 정말 획일화된 시기였다. 그래서 내신은 적당히 공부해도 최고 등급이 나올 수 있는 상황이라 상위권 학생 중에는 수업시간에 자신만의 공부를 하는 경우가 적지 않았다. 당시에도 조금 느슨하면서 충분히 실현 가능한 계획을 세웠고, 그 습관을 이후 수능에도 적용했다. 할 수 있는 계획을 세우는 것이 현실적인 학습 계획서다.

수능을 볼 땐, 하루 15시간 공부를 했다. 독학이라 가능한 시간이었는데, 보통 언어는 6시간, 수학은 4시간, 과학 3시간, 사회탐구 2시간 정도로 나눠서 했고 영어는 따로 챙기지 않았다. 일반적이지 않은 방법이지만, 필요에 의한 시간표였다. 나중에는 전략과목을 선정하고 급격히 수정했다. 생각만큼 언어점수가 잘 오르지 않은 반면, 다른 과목들이 투자한 만큼 결실을 맺자 9월 이후엔 언어 공부를 대폭 줄이고, 목표로 하는 학교의 폭을 줄여서 수학, 과학에 매진했다.

가변적인 작전이었는데 결과적으로는 선택과 집중이었다. 현실적인 상황에 맞게 바꿨고 언어는 모의고사 5~6회 중 한 번 정도 아주 잘 나왔기에 확률을 기대했다. 나머지 과목의 목표는 만점이었고 언어는 기초를 잡지 못한 상태에서 시작했기에 운에 기댄 측면이 크다. 변명인지 모르겠지만 1년 더 준비해서 시험을 봤다면 운에 기대지 않고 제대로 공부해서 아주 잘 나왔으리라 생각한다. 선택과 집중은 과거에도 그랬고 지금 현재도 유용하다.

수험생의 경우 ⅠⅠⅠ

말했듯이 나는 공부 환경에 특수성이 있었다. 내 이야기를 해주는 것은 나와 똑같이 행동하라는 의미가 아니라 어떤 식으로 방법을 찾았나를 말해주기 위함이다. 내 방식은 현역 수험생이나 종합반 학생들과는 어울리지 않을 것이다. 독학을 할 의지가 없다면 일단 수업에 집중하고, 자습 시간을 잘 활용하는 게 중요하다.

다만 무리하게 계획을 세우지 말고, 그때그때 상황을 봐서 가변성이 있는 계획표를 짜는 게 좋다. 계획표의 목적은 효율성이지 자신에게 스트레스를 주는 게 목적이 아니다. 그날 공부하고 싶은 내용이 있음에도 불구하고 계획표 때문에 다른 일을 억지로 한다면 스스로에게 심한 압박을 주는 것이다.

수업에 웬만하면 열심히 참가하되, 내 수준에 맞지 않는 경우라면 그 시간에 필요한 과목을 공부하는 것도 나쁘진 않다고 본다. 이런 것도 계획의 범주에 넣어서 적절한 목표를 달성하는 원동력으로 삼으면 된다. 좋은 결과가 목표이지 계획 완수 자체가 목적은 아니란 것은 다시 한 번 염두에 두자. 계획의 노예가 되고, 실행하지 못하면서 스트레스 받는 것은 주객이 전도된 꼴이다.

방학, 주말 및 공휴일 공부 계획표

07

　사람마다 방식이 다르니 뭐가 정답인지는 모르겠지만 난 어려운 개념이나 문제 풀이는 주로 아침에, 복습은 머리가 둔해지는 밤에 하곤 했다.

　하루 종일 시간을 낼 수 있는 날이 있다면 그간 부족했던 부분을 보충하거나 잘 몰랐던 개념을 내 것으로 만드는 작업을 하는 게 좋다.

　난 일요일은 주중에 세웠던 계획을 마무리하는 단계로 활용했고 시간이 남으면 모의고사 문제집을 풀려고 했는데, 공부를 시작할 때는 중상위권 성적이었으므로 모의고사보다는 틀린 부분을 보충하는 시간으로 사용한 것이 더욱 결과가 좋았다.

　가장 중요한 건 모르는 것을 알도록 하는 것이다. 이에 공부 계획은 부족한 것을 채우고 모르는 것을 알도록 하는 방식을 택하면 좋겠다.

__ 초상위권 학생은 모의고사 형식으로 문제를 풀어보자

__ 공휴일이나 주말은 부족한 부분을 채우는 날로 사용하자

__ 종교나 기타 행사는 자율에 맡기겠지만 공부에 방해가 되지 않
도록 하는 게 좋지 않나 싶다. 다만 종교나 기타 행사를 하지 않
는 것이 심리적인 부담이 된다면 하는 게 좋을 수도 있겠다.

__ 남는 시간은 컨디션 조절, 약점 보완으로 알차게 활용하자

나의 사례 예시는 앞에 이미 기술한 것과 유사하다.

일요일	내용	비고
오전 9시	언어	A교재 1/20 이상
점심	오답노트 보면서 식사	
오후 4시까지	수학	K교재 1/20 이상
저녁식사 전까지	과학	H교재 화학 1/5 이상
저녁식사	영어 문법책 체크 부분 보기	
9시까지	사회탐구 내용정리	C교재 1/5 이상
자기 전까지	미진한 부분 추가	마음대로 해도 됨

남의 공부법은
참조사항일 뿐

사람은 타인의 의견에서 자유로울 수 없다. 특히 수험생이란 입장이 된다면 더더욱 그럴 수밖에 없다. 하지만 남의 이야기에 쉽게 흔들리지 않고 나의 스타일에 맞는 법을 찾는 게 더 중요하다. 나에게 맞는 방법인지도 모르면서 공부 잘하는 사람의 방법에 그대로 나를 갖다 맞추는 것은 어리석은 짓이다. 남들이 어떤 책을 본다고 해서 무조건 그것을 볼 필요도 없다. 시험을 잘 보는 친구를 보면서 똑같이 할 것도 없고, 괜히 공부하지 않는 척하는 급우의 말에 그대로 속아서 머리가 나쁘다고 좌절할 필요도 없다. 공부를 하나도 안했다는 말은 오히려 남에게 자신의 존재를 어필하기 위한 허풍일 때가 많다. 그런 이야기를 들으면 그저 그런 사람으로 치부하면 그만이다. 어차피 입시까진 시간이 남아 있다. 그날 실수만 덜 하고 평소 실력보다 조금 더 발휘하면 된다.

가장 중요한 건 나에게 맞는 방법을 찾는 것이다. 성격이 다르고 환경이 같지 않으며 배경지식이나 학습 능률도 다른데 남의 방법이 나에게 맞을 리 없다. 이를 어떻게 보면 경향성으로 나눌 수도 있고 스타일로도 분류할 수도 있는데, 한의학에서는 양인(陽人)과 음인(陰人)으로 보기도 한다. 꼭 그 관점이 아니더라도 쉽게 흥분하고 즉흥적인 성격과 차분하고 잘 흥분하지 않는 성격으로 나눠서 볼 수도 있다. 사람에 따라 공부에 맞는 방법도 각자 다르다.

나는 나이고 남은 다른 사람이다. 이 글을 쓰는 나도 결국 나에게 맞는 스타일을 찾은 것이다. 차분하고 조용한 스타일의 공부법은 나와는 전혀 맞지 않았다. 필자는 한의학적으로 소양인으로서 호불호가 뚜렷하고 귀찮으면 아예 하기 싫어하는 성격이기에 나에게 맞는 법은 따로 있었던 것이다. 그 내용은 책 곳곳에서 볼 수 있다.

대사가 항진된 스타일, 한의학적으론 소양인인 나의 스타일이 모든 소양인과 일치하는 건 아니다. 활동적, 즉흥적, 다혈질적이면서 뒤끝이 없다면 나와 유사하겠지만, 차분하고 정리를 좋아하고 약간 내성적이라면 나와 같은 방법은 그리 추천하고 싶지 않다. 남의 방법 중에서 나와 맞는 게 있는 반면 그렇지 않은 것도 분명 존재한다.

난 오답노트를 만들거나 깨끗하게 정리하는 것을 매우 싫어했다. 방도 정리를 잘 하지 않는 편인데, 정리를 하면서 에너지를 소모하는 자체가 짜증나기 때문이다. 누군가가 내 방을 정리해 놓으면 화가 날 지경이었다. 내 나름대로는 질서가 있는데, 남이 개입하는 자체가 싫게 느껴진다.

이런 나와 전혀 맞지 않는, 정리가 안 되면 뭔가 시작하기조차 힘든 사람도 현실엔 분명 있다. 꼼꼼하고 차분하며 계획적인 성격의 사람은 한의학적으론 태음인이나 소음인에 해당한다. 개별적인 특성이므로 뭐가 나쁘다고 말할 수는 없다. 그저 경향성일 뿐이다.

야구를 예로 들자. 어떤 선수는 철저하게 관리되어 게으름 부리면 윽박질러주는 시스템에서 성적이 오르지만, 다른 이는 자율성을 강조하고 스스로에게 맡기는 경우 의욕이 불타오른다. 숙제를 많이 내줄수록 공부할 게 정해져서 나쁘지 않다는 다소 피동적인 스타일이 있는 반면, 내가 하고 싶은 것을 해야 직성이 풀리는 스타일도 있다. 그러니 모두를 일률적으로 볼 수는 없다.

결과가 좋아서, 성적이 좋아서 특정인의 방법이 좋아 보일 뿐, 실제 그 방법을 썼기에 성공했다고 말할 수는 없다. 물론 잠깐 시도해보는 건 충분히 가능하나 흔들릴 건 없다. 프로야구팀은 매일 이겨서 우승을 하는 게 아니다. 한 번 지더라도 실망하지 않고 2번 이기고 2번 지면 3번 이겨서 조금씩 승률을 높여서 우승하는 것이다. 하루하루 차곡차곡 실력을 쌓으면 결국 입시에서 승부가 난다. 그게 안 된다면 최악의 경우 한 해를 더 시도할 수도 있다. 인생은 생각보다 길다. 입시에 실패하더라도 시행착오를 한 번 겪은 것으로 생각하거나 문제를 해결하는 과정으로 생각해도 좋다.

말이 약간 샌 것 같지만 여하튼 공부에 있어서 가장 중요한 일은 내가 중심을 잡는 것이다. 어차피 사람이라는 존재는 서로 스타일도 다르며 특성도 차이가 나기에 남의 방법이 아무리 좋다고 하더라도 나에게 적용시키는 데는 한계가 있다. 이런 면에서 체질을 강조하고 스타일을 이야기했는데, 방법론에 대한 취사선택은 철저하게 개인의 몫이고, 중요한 건 뚜렷한 목표의식과 노력, 그리고 맞는 답을 고르는 기술이다.

나에게 맞는 공부 방법으로 가자 ❘❘❘

학교, 학원, 과외, 독학, 인터넷 강의 등 다양한 방법이 있다. 학원 중엔 종합학원, 기숙 학원, 단과 같은 다양한 종류가 있는데 기숙학원은 의지가 약한 경우는 추천할 만하지만, 기숙학원에서 최상위권이 성공한 경우가 적다. 기숙학원은 감시감독을 피해 동료끼리 뭉치는 분위기가 되므로 피동적으로 되는 경향이 크다.

나같이 이것저것 겪어본 사람은 혼자 공부한다는 각오를 쉽게 하지만 어린 학생들은 누군가가 잡아주기를 원할 수도 있다. 하지만 가장 중요한 건 빠른 시간에 체계를 잡고 스스로를 파악해야 한다는 점이다.

어떻게 공부하는지보다 나에게 맞는 방법대로 가는 것이 중요하다. 의지가 강한 학생이라면 수업이나 인터넷 강의를 따라가다가 궁금한 것이 생기면 과외, 혹은 전문가에게 질문하면서 시간을 아끼는 게 좋고 다소 피동적인 학생은 학원의 힘을 빌리는 게 좋다.

긍정의 이미지 트레이닝을 하자

09

　처음 입시를 할 때는 바로 연년생 동생이 있었고 부모님께 짐이 되면 안 된다고 생각했다. 더 길게 인생을 봐야 했는데 괜히 배려하다가 조금 손해를 본 느낌이다. 내 인생을 좌우하는 일에 있어서는 이기적일 필요도 있다. 만약 그 해에 재수할 각오를 하고 조금 배짱 지원을 했더라면 인생은 좀 편했을 것이다. 당시엔 먼저 지원하고 뒤에 시험을 보는 이상한 제도(선지원 후시험)였고, 실제 입시에서는 쓸데없이 높은 점수를 받아서 아쉬움이 남는다.

　당시 나는 나를 잘 몰랐다. 알고 보니 실전에 강하고 별로 겁먹지 않는 스타일인데, 어려서부터 주변에선 나에게 자꾸 두려움만 가르쳤다. "너는 잘할 수 있어, 너를 믿는다." 이런 말보다는 "네가 어떻게 그걸 할 수가 있었지? 난 네가 이기지 못 할 줄 알았어." 같은 말

50

만 자주 들었다.

칭찬은 고래도 춤추게 한다는데, 난 억지로 다닌 학원에서 강사들에게 안 좋은 소리를 많이 들었다. 피아노나 서예 학원을 다니고 싶진 않았는데 억지로 다니면서 실력이 없단 소리만 계속 들었고, 서예를 가르치던 할아버지는 초등학교 2학년인 나에게 악담을 했었다. 결국 어렵게 관뒀지만 어린 나에게 자신감만 상실케 한 사건이었다. 대신 주산학원에 다닐 때는 잘한다는 평판이 있었다. 그 시기 이후 성적이 좀 오르고 자신감이 생겼다.

독자에게 이야기를 하려는 진리는 '나는 잘할 수 있다'는 긍정적이면서 편한 마음을 먹으라는 것이다. 고3을 대충 편히 보내면서 무조건 재수하라는 게 아니라 마음을 편히 먹으라는 뜻이다. 본인은 잘될 거라고 믿길 바란다.

잘될 수 있다는 생각은 중요하다. 누군가는 망상이라고 할 수도 있지만 성공한 이들 사이에서 발견되는 성공 요소 중 하나가 자신에 대한 과도한 확신이다. 정말 생각하는 대로 된다. 나만 해도 30세 수능을 볼 당시 목표가 40세 전에 방송도 출연하고 주변에서 인정받는 한의사가 되는 것이었는데, 결국 이뤄냈다. MBC 라디오에 2년 정도 나왔고 의료 방송에도 제작비를 전혀 내지 않고 당당하게 나가고 있으니까.

현실이 힘들고 괴롭지만 지금의 시련은 미래의 멋진 나를 위한 과정으로 인식하자. 미래의 내 이미지를 멋지게 설정한 뒤, 그 목표로 가기 위한 도전 과정으로 현재를 상정하면 좋겠다.

그럼 어떤 이미지를 목표로 삼을까? 밝은 이미지를 갖도록 노력해야 한다. 부정적 사고를 지니면 우울해지기 쉽고, 우울한 사람들은 자기 자신에 대해 부정적인 사람이 된다. 이렇게 되면 자신의 미래를 그 방향으로 이끌 가능성이 높다. '나는 머리가 나빠' '내 주제에 뭘' 같은 생각은 이미 최선을 다하지 않겠다는 의도가 숨겨져 있다.

요즘 세상을 보면 별의별 사람들이 설친다. 나도 미디어 쪽에 발을 담그고 있기에 뒤에선 안 좋은 평가를 받더라도 일반 대중이 보기엔 아주 밝고 좋은 사람처럼 포장된 이들을 많이 봤다. 방송, 인터넷, 소셜 미디어를 통해 가식으로 스스로를 뻥튀기 하는 사람이 많은데, 괜히 우리가 미리 겁먹고 그 사람들에게 한 수 접고 갈 이유는 없다. 나도 내 스스로에게 당당하면 그만이다.

자, 그럼 나는 잘될 거라 생각하자.

이미지 트레이닝에서의 기본 전제 | | |

아쉽게도 노력한다고 무조건 성공하지는 않는다. 그렇지만 포기하면 모든 걸 잃는다. 노력을 위한 현실적인 목표와 이미지가 중요하다. 무조건 좋은 학벌만을 추구하라는 것이 아니다. 밝은 마음과 노력을 통해 밝은 미래가 올 것이란 신념을 갖고 공부한다면 분명 좋은 결과가 있을 것이다. 이런 마음을 가진 사람들이 학벌이나 신분, 경제, 외모, 매력 등의 한계를 딛고 올라선 경우가 많다.

내 주장은 자기 개념(self concept)이란 것에 근거한다. 사람은 직관을 통해 결론을 짓는 경우가 많은데, 자신에 대한 평가도 마찬가지다. 이것이 심리학에서 말하는 자기 개념이고, 인간의 행동과 정서에 큰 영향을 미친다.

우울한 사람들은 뭘 하더라도 우울하게 해석하는 경향이 커지고, 스스로를 부정적으로 규정하게 되며, 결국 실패할 확률이 높아진다. 극단적인 예를 들자면 아주 매력적인 이성이 나에게 다가올 때, 긍정적인 사람은 1%의 가능성이라도 보면서 작업을 걸지만 부정적인 사람은 10%의 가능성이 있는데도 스스로 막아버린다.

물론 사람마다 차이가 있고 경제력, 가정 분위기, 지적 능력, 외모, 성격 등 공부 이외에도 성공에 필요한 많은 변수가 있지만 노력을 통해 좋은 미래가 온다는 생각은 실제로 그런 결과로 이어지게 만들 확률이 높다.

나는 내 치료 실력이 매우 뛰어나다고 믿고 산다. 특히 관절 질환 분야에서 수술하지 않고 독한 약물도 쓰지 않는 요법에선 세계 최고로 잘한다고 믿는데 이게 사실일지 아닐지 모르지만 그냥 그렇게 믿고 살고 있으며 앞으로도 그럴 것이고 실제로 좋은 결과들이 많다. 그런 긍정적인 기운은 환자에게도 전달되고 내 스스로에게 발전적인 원동력이 되기도 한다.

또 다른 예를 들자. 100점 만점에서 70점을 맞는 사람의 경우다. 긍정적인 이는 지금 상황에서 점수를 올릴 수 있다면서 부족한 걸 채울 가능성이 크지만 부정적인 사람은 스스로 한계를 지으면서 거기에 머물 가능성이 크다.

난 19세 이전에는 우리 고등학교가 워낙 공부를 못 했고 지인들 중에서 공부로 일가를 이룬 예가 없기에 스스로 어느 정도 한계를 지었었다. 1% 정도 내외에서 적당히 SKY 대학이나 카이스트, 포항공대만 가도 성공이라 생각했다. 그래서 어느 순간 나태했고 주변보다 조금 공부를 잘하는 것에 만족했으며 경쟁자가 잘 안 보여서 안일했다.

30세에 수능을 볼 때는 많이 달랐다. 당시 모의고사 전국 석차는 고3 시절보다 항상 나쁘게 나왔고, 전국 10%를 오갔지만 현재 60%인 과목도 공부만 제대로 하면 오를 수 있다고 맹목적으로 믿었다. 당시 고3들 정도는 내가 공부하면 다 이길 수 있다면서 일부러 무시했다. 대 역전극의 이미지를 항상 떠올렸고 대부분 과목에서 성공했다.

혹자는 내 언어 점수가 낮은 것을 보고 위의 말을 지적할지 모르겠지만 막판에 선택과 집중을 하면서 언어와 사회 과목을 약간 방치했던 면이 있었다. 그리고 이들 역시 초반보단 대폭 오른 게 사실이다.

긍정적인 태도를 갖으면 무의식이 긍정적으로 바뀌고 정신이 긍정적인 것으로 변한다. 그 경우 매사가 긍정적으로 보이며 적극적인 태도를 통해 결과도 좋아진다. 그러기 위해서 긍정적인 이미지 트레이닝을 하자.

구체적인 이미지 트레이닝 ▎▎▎

직업에서 이미지를 찾는 것도 나쁘지 않다. 예를 들자면 은행원이나 회계사, 혹은 치과의사나 컴퓨터 프로그래머 같은 것 말이다. 그럼 어떤 과정을 통해야 이런 업종에 진입해야 할지, 어떤 면에서 강점을 지녀야 할지, 나에게 어떤 덕목을 찾을 수 있을지 생각하기 때문이다.

그게 애매하다면 어떤 목적을 수행한 뒤 생기게 될 보상 같은 것을 상정해도 좋다. 가령 대학 캠퍼스에 잔뜩 포진한 이상형들이 나에게 줄지어 고백하는 경우를 상상하는 것 말이다.

여하튼 각자가 원하는 상태를 상정하고, 그걸 바람직한 이미지로 추구하면서 노력한다면 결과는 확실히 달라진다. 의욕이 고취되고 목적의식이 지속되기 때문이다. 직장인이 금전이나 승진 등에서 동기부여를 받는다면 수험생의 입장에선 그리 구체적이지 않아도 상관없다.

아주 이상한 사례를 들겠다. 난 고교 시절, 대학에 가서 예쁜 여학생과 만날 수 있을 것이라는 이미지를 가졌다. 그래서인지 연세대 진학이 꽤 당겼다. 당시 학구파는 카이스트나 포항공대로 갔는데, 나는 포항공대에서 관리 대상 학생이란 책자를 받았지만, 그 책자에서 본 학교 내 호프집에서 칙칙한 남자들이 교수와 맥주를 마시는 사진은 그야말로 '혐짤(혐오스러운 사진)'이나 다름없었다.

연세대는 놀기도 잘해 여학생들이 좋아할 것이란 촌놈 같은 망상을 가졌다. 실제 어떻게 되었는지는 상상에 맡기겠지만, 공부하는 데 있어선 그런 황당한 이미지도 큰 역할을 한다. 어떻게 보면 지극히 왜곡된 것이지만 공부할 수 있는 원동력이었다. 결국 난 연세대에 들어갔다.

30세에 수능을 볼 때는 꽃사슴 같은 여대생들이 나 때문에 무척 괴로워 할 것이란 이미지 트레이닝을 했었다. 그런 여성들에게 난 당당하게 "넌 좋은 사람을 만날 거야. 그렇게 쉽게 잊을 수가 없니? 네 또래 좋은 사람 만나. 우린 너무 늦게 만난 듯 해." 이렇게 말하는 내 모습을 상상했다. 망상 속의 그녀는 늘씬한 몸매에 하늘하늘한 머리카락, 사슴 같은 눈빛을 갖고 있었다. 이것도 이미지 트레이닝이라 치자. 여하튼 난 그걸 원동력으로 삼았다. 단지 이미지 트레이닝이었고 내 인생에 이성 때문에 문제가 된 적은 단 한 번도 없으니 오해하지 마시길 바란다. 그저 노하우의 비결이니 적절히 새겨들으시라. 독자 분들은 자신의 목표에 맞는 긍정적인 이미지를 갖고 공부하면 좋겠다.

수험생들은 이렇게 하자. 자기의 장래 희망과 관련된 목표를 정한 뒤, 그 업무에 종사하는 자신의 모습을 그려보자. 그럼 좀 더 열심히 할 수 있는 원동력이 생길 것이다.

말이 씨가 된다는 이야기는 말이 생각을 지배하며, 생각이 미래를 좌우한다는 사례에서 나온 말이 아닐까 싶다. 나는 나를 믿고 밝은 미래를 그려보면서 많은 부분이 달라졌다. 물론 모두 다 생각대로 이뤄지진 않았지만 강한 자기암시는 분명 효과가 있다. 그럼 결국 생각대로 간다는 것을 경험하게 될 것이다. 내가 정말 그런 경우이다.

잠재적 라이벌이나 롤모델을 정하자 ❙ ❙ ❙

내가 고교시절 힘들었던 부분은 공부 못하는 학교를 다녀서 제대로 된 경쟁자가 없었다는 점이다. 고3 시절 후발주자들이 갑자기 내신 성적으로 KAIST 진학이 확정되자 더욱 힘 빠진 레이스가 되었고, 동생과 1년 차이인지라 괜히 집안을 배려한다면서 안정 지원을 하는, 바보 같은 짓을 했다. 지금 생각하면 내 고교 전략은 그야말로 무계획의 극치였다. 교사는 서울대 낮은 학과로 가라고 종용했고, 부모는 다른 학교로 전학시킬 생각을 하지 않았다.

주변에 경쟁자가 있으면 좀 편하다. 좋은 라이벌을 생각하고, 그 사람과 선의의 경쟁을 펼치면서 공부 능률을 올리는 게 좋다. 이는 대립의 감정이 아니라 경쟁을 통한 발전이 이루어지도록 에너지를 긍정적으로 '승화' 시키는 차원이며 30대 후반인 내가 아직도 이용하는 방법이다. 건전한 경쟁은 부도덕하거나 비열한 게 절대 아니다.

그게 아니라면 내가 원하는 이상적인 멘토, 혹은 롤모델을 설정하고 그 사람에게 날 투영시켜서 발전하도록 노력하는 방법도 있다. 일단 공부가 우선인 입장이니 공부로 뭔가 이룬 사람을 대상으로 삼는 것이 좋겠다. 나는 고교 시절에 문과 1등을 라이벌로 삼았고 멘토나 롤모델은 주변 사람들이 너무 적어서 찾질 못했다. 건축과 다닐 때는 같은 과, 혹은 다른 학교에서 두드러진 학생을 라이벌로 삼았고 기성 건축가 중 나보다 10세 이상 나이가 많은 사람을 롤모델로 삼았다. 지금 현재는 우선 의정부 시내의 한의원 원장들과 나와 비슷한 연차의 원장들을 라이벌로 삼고 있으며 롤모델은 성장하는 병의원의 원장들이다.

라이벌이나 롤모델은 발전하는 원동력을 주는 좋은 자극원이다. 내 의지를 고취시키는 방향으로 롤모델을 이용하는 것이 좋겠다.

'그 사람이 내 나이 때 과연 이렇게 태만했을까?'라는 식의 생각으로 나를 건전하게 채근하면 된다.

수능에서 내 경험이 독자에게 가장 도움이 될 것이다. 서른 살에 독학으로 공부한 수능시험에서 라이벌은 불특정 다수의 상위권 학생들이었다. 롤모델은 없었고 참조 대상은 나와 비슷하게 사회생활을 하다가 입시로 돌아섰던 고령층 의학계열 지원자들 중 공대 출신의 남자들 합격 수기에서 찾았다.

수능 공부하면서 모의고사를 볼 때 이런 마음을 먹었다.

'고3 애들보다 못하냐?'

결과가 참담하더라도 내가 아직 기초를 안 다졌기 때문일 뿐, 만약 애들과 같은 수준으로 파악하고 있다면 창의력이나 판단력이 앞서는 나의 승리라고 오만하게 판단했다. 어떻게 보면 맹목적인 자기확신일 수 있지만 라이벌들을 아래로 내려다보며 이길 수 있다 여겼으며 결국 입시에선 대다수의 아이들을 제쳐버렸다. 나는 실전에서 결과가 좋았는데, 이런 자신감이 가장 큰 원동력이었다고 본다. 물론 자신감에 더불어서 실천이 따라야 한다는 사실에는 변함이 없다.

수험생들에게 나의 방법을 소급하자면 주변에서 건전하게 경쟁할 사람을 찾고 그 친구가 공부할 것이니 나도 나태해서는 안 된다면서 채근하고, 한 분야에서 공부를 통해 업적을 이룬 사람을 선정해 롤모델로 삼고 '그 사람은 내 나이 때 어떻게 했을까?' 하고 상상하면서 건전한 자극 인자로 활용하면 좋을 것이다.

수험생의 건강

● 감기 예방법

수험생에게 컨디션 조절은 정말 중요한 화두다. 감기라도 걸리면 바로 컨디션이 바뀌고 학습 능률이 떨어지기 때문이다. 감기는 한의학적으론 정기(正氣), 요즘 개념으론 면역력과 관계가 밀접한데, 면역력이 약해 외부의 항원에게 내 몸이 패하면서 증상이 발현되는 질환이다. 이는 내가 약해졌다는 증거로 휴식이 필요하다는 몸의 신호이기도 하다. 날씨변화, 컨디션 난조 등으로 오한·발열 등의 증세가 나타나게 된다. 감기에 안 걸리기 위해선 평소 무리하지 않는 것이 좋은데, 수험생들로서는 쉽지 않은 일이다. 그럼 예방을 위해 어떻게 해야 할지를 살펴보자.

❶ 개인위생
손을 잘 씻고 다닌다. 항원에 노출되는 정도가 낮아진다.

❷ 흡연을 줄이자
담배는 항원이면서 자극인자이기도 하고 면역을 약하게 하는 큰 원인이다. 음주는 그나마 이로운 점이 있다면 흡연은 흡연자끼리 친

목을 살짝 다지거나 스트레스를 일부 완화시키는 약간의 장점 말고는 이익이 거의 없는 행위이다.

만약 담배를 오랫동안 피운 학생이라면 갑자기 끊어서 오는 금단 현상도 학습에 문제가 될 수 있으니 약간 줄이는 방향으로 가도록 하자. 장기적으론 금연이 낫다.

❸ 면역력 강화

시중에서 나온 비타민이나 홍삼 제품을 먹기도 하는데 비타민도 합성 비타민은 안 좋다는 연구 결과들이 있으니 이 책의 164페이지 〈수험생의 건강〉 부분을 참조했으면 한다.

홍삼은 인삼을 찐 것으로 모두에게 다 맞는 건 아니다. 만약 커피를 먹고 잠이 잘 안 오거나 성격이 급하거나 다소 다혈질인 학생은 홍삼이 안 맞는 사람이다.

세상에 누구에게나 맞는 약은 없다. 안전하다는 아스피린도 위장 출혈을 유발할 수 있고 두통약의 주성분인 아세트아미노펜은 미국에서 급성 간독성 및 간부전을 유발하는 약물 1위를 꾸준하게 차지할 정도로 위험하다.

홍삼이 안 맞는 경우를 예시하겠다. 이런 학생들은 홍삼이 잘 맞지 않는 체질이다. 인근 한의원을 방문하면 다른 방향을 제시해줄 것이다.

__ 커피를 먹으면 잠이 잘 안 온다

__ 성격이 다소 예민하고 급하다

__ 다소 다혈질이다

__ 집안에 고혈압 이력이 있다

❹ 영양 많고 좋은 음식을 먹자

예방과 회복 모두 도움이 된다.

❺ 공부하는 곳의 온도와 습도는 적절하게 유지하자

너무 춥지 않고 건조하지 않은 곳에서 공부하는 게 좋다. 적절한 습도가 유지되면 감기에 잘 안 걸린다.

● 감기 걸렸을 때

감기가 걸리면 바로 약을 처방받거나 종합감기약을 복용한다. 하지만 시중의 감기약은 증상을 완화할 뿐이지, 감기의 바이러스를 잡는 역할을 하지는 못한다. 즉 열이 나면 떨어뜨리고, 콧물이나 가래를 줄이는 정도밖에 안 되는 것이다.

사람의 몸은 면역이 약할 때 반응을 보이다가, 몸에서 항체가 이겨 내면 완치가 된다. 감기약을 먹으면 일주일 만에 낫고 안 먹으면 7일 만에 낫는다는 말이 있을 정도로 똑같고, 우리나라의 종합감기약을 외국의 의사들이 보면 의아해하는 경우도 많다는 다큐멘터리가 방영되기도 했다.

수험생의 경우 감기의 증상이 심하면 완화시켜야 되니 어쩔 수 없이 약을 복용하는 건 이해하겠지만, 빈번하게 감기에 걸리는 경우라면 몸 상태를 개선해야 한다.

한의학에서는 감기에 대응할 수 있는 전통적이고 순한 처방들이 있으니 가까운 한의원에 가보는 것도 괜찮은 방법이다.

● 감기 걸렸을 때의 학습 방법

__ 피곤하면 쉬거나, 아는 내용을 점검하는 식으로 공부한다

__ 과도한 땀을 빼지 말고 적당히 온도를 올리되 물을 많이 먹도록 한다

__ 비타민을 잘 섭취하자. 야채와 과일을 잘 먹고 건강을 유지하자

__ 공부하는 곳의 온도와 습도는 적절하게 유지하자

Part **2**

실질적인
공부 방법

내 성적 =
A + B − C

01

복잡한 공식 같지만 사실 간단하다. A는 내가 맞힐 수 있는 기본 실력이다. B는 찍어서든, 운이 좋아서든, 당일 컨디션이 좋아서든 실력 이상으로 맞힐 수 있는 추가 점수다. C는 표기를 잘못 했든, 문제를 제대로 이해하지 못했든 나의 입장에선 억울하게 틀린 문제다.

어차피 틀린 건 틀린 거다. 자료를 제출할 때 표현이나 숫자가 틀리거나 말실수를 해도 돌이킬 수 없듯이, 틀린 건 결국 내 책임이다. 그러니 실수를 줄이도록 해야 한다.

간단하게 본다면 기본 실력 A를 높이고, 어떻게든 맞아서 B를 더하면서 C를 줄이면 대박이 난다. 설득력은 있는 이야기다. 입시를 평소보다 잘 본다면 B가 더해지고 C가 많이 줄어든 경우다. 반대로 입시를 망친다면 B가 적고 C가 대폭 증가한 경우라 하겠다. 그래도 평소 공부 잘한 수험생을 이기지 못하는 이유는 A의 차이 때문이고.

　입시에서 이런 변수는 큰 차이로 작용한다. 어차피 학생들의 성적은 통계의 정규분포처럼 가운데에 대폭 몰려 있기 마련이다. 결국 약간의 차이로 등급이 정해지고 운명이 갈릴 수 있는 것이다. 약간의 차이가 엄청난 결과의 차이를 야기하기에 일단 A를 늘리고 B가 증가하도록 머리를 쓰면서 C를 줄이도록 한다.

　그럼 A와 B를 높이고 C를 줄이는 경우를 살펴보자.

A(평소 실력)를 늘리기 | | |

　평소 공부를 하면서 기본으로 실력을 늘리는 것이다. 이는 과목별 학습법에서 자세히 보도록 하자.

B(실력 외로 얻는 점수)를 늘리기 | | |

　연습 경기와 실전은 다른 면이 많다. 실전에 강한 유형도 있고 내신만 잘 보고 실전에선 그리 좋은 성적이 안 나오는 경우도 적지 않다. 통계적으로 정리된 건 아니지만, 내가 고찰한 바로는 내신이 입시와 무조건 정비례하는 건 아닌 듯하다. 물론 공부를 잘하면 내신과 모의고사, 입시까지 대체적으로 잘 보겠지만 내신만 잘하고 입시는 떨어지는 경우가 적지 않기 때문이다.

내신은 별로인데 입시에서 잘 나오는 사람들은 차분하거나 성실한 스타일과는 다소 거리가 있다고 여겨진다. 물론 이는 일률적인 것도 아니고 내신이 극단적으로 안 좋은데 입시만 잘 볼 가능성은 없으며 그저 약간의 차이가 있다는 이야기다.

내가 하고 싶은 말은 자기 스타일을 파악해 떨거나 부담을 느끼면서 실수하지 말라는 뜻이다.

실전에 강해지는 비결

❶ 대범하게 마음을 먹고 떨지 않는다.

　어려운 일이지만 별 거 아니라고 생각하고 우습게 봐라.

❷ 시험 날 밥을 많이 먹지 않는다.

　긴장한 상태에서 배가 부르면 졸릴 수 있다.

❸ 최소한 답이 아닌 한두 개를 골라내라.

　마킹 훈련이며 실전에서 실수하더라도 절반의 확률로 줄어들
　수 있다.

❹ 정말 소심한 사람은 최악의 경우 내년도 있다고 생각한다.

　차라리 다른 길이 있다 생각하면 마음이 편해진다. 이는 긴장
　감을 풀라는 의미다.

❺ 전혀 아닌 보기는 미리 지우는 훈련을 한다.

영 아닌 걸 없애야 시간 얼마 안 남아서 찍을 때 맞을 확률이 높아진다.

❻ 쉬는 시간엔 잠이나 자든지 화장실에 빨리 갔다 온다.

괜히 이전 시간에 본 문제를 복기하거나 친구들과 이야기하지 마라. 머리를 쉬게 하는 시간이 줄어든다. 다시 생각해봐야 변할 것도 없고 친구들과 잠깐 이야기하지 않는다고 인생에 큰 지장이 있는 것도 아니다. 급한 건 나, 그리고 내 미래다.

❼ 문제지를 나눠 주면 실눈을 뜨고서라도 몰래 본다.

정말 눈을 감고 버티는 건 바보짓이다. 눈치껏 하기 바란다.

C(실수)를 줄이기 ⅠⅠⅠ

계산 실수를 합리화해서는 안 된다. 함정을 파놓고 다른 길로 가도록 유도하는 문제도 있기 때문이다. '아닌' '바르지 않은' 같은 문구를 잘못 봤다는 건 경험 미숙이고 실력 부족이다.

틀린 뒤 실수라고 생각되는 문제들이 있다. 본인의 입장에서는 실수겠지만, 결국 틀린 건 틀린 거다. 너무 억울하다 생각도 들겠지만, 어른이 되면 결정을 내린 뒤 번복하기 힘든 일이 많아지고, 이미 내

손을 떠난 일을 어쩔 수 없이 지켜봐야 하는 경우도 부지기수이다. 학생 때는 문제 하나 틀리면 그만이지만, 성인이 되어서 계약서를 잘 못 읽거나 계산을 잘못해서 큰 손해가 나면 그야말로 돌이킬 수 없는 인생의 치명타가 될 수 있다.

문제를 정확히 읽는 건 세상은 그리 만만한 곳이 아니고 함정을 파 놓고 기다리는 부류를 피하는 훈련이라고 생각해도 좋다.

어떻게 실수를 줄일까?

❶ 문제를 세심하게 살펴보고 중요한 문구에 줄을 치는 훈련을 한다. '아닌' '바르지 않은' 같은 부정적인 문구에 줄을 치고 다시 확인하도록 한다. 아는 것이라도 안 틀리기 위함이다.

❷ 앞 교시의 시험을 망쳤다 생각해도 잊어버려라. 모두에게 다 어려울 수 있고, 쉬우면 다 쉬웠을 게 뻔하다. 어차피 아는 거 안 틀리고, 찍은 거 맞는 것에서 차이가 날 뿐이다.

❸ 수학에선 검산이 용이하게 풀이 과정을 잘 적어 놓는다.

❹ 수학에서 기본 조건을 확실하게 파악한다.
__ 문제의 조건은 확실하게 챙기자. 로그의 밑과 진수 조건은 출제자가 기본 조건을 가정한 뒤 문제 풀이를 요구하는 경우가 있다. 이것도 실력의 범주에 들어간다.

__ 문제에서 정의해 둔 숨은 조건을 놓친다면 이건 확실히 실력의
범주다.

__ 제한 조건을 알아야 한다. 제한 조건은 규정된 약속이고, 그걸
전제로 문제 풀이가 되는 경우가 있기에 처음에 잘 잡아놓지
않으면 문제 풀이에서 잘못된 답을 고를 확률이 높다.

__ 기본 개념은 알고 있어야 한다. 정의에서 기본적으로 전제하는
것들은 당연히 알고 있어야 문제 풀이가 되는 경우가 많다.

❺ 수학에서 사칙연산을 확실하게 하자. 가장 실수가 많은 과목이
수학인데, 기본적인 연산 과정은 확실하게 하고, 검증할 수 있
게 적는다.

❻ 쉬운 것부터 풀어라. 쉬운 것부터 풀고 어려운 건 나중에 봐라.
어차피 모르면 찍을 것이고 객관식이라 확률도 있으니 괜히 어
려운 것 잡고 고민하다가 시간 보내지 마라.

❼ 답안지엔 다섯 개씩 옮겨서 적어라. 다섯 개씩 옮겨 적는 훈련
을 하면 밀려 쓸 가능성이 없다.

❽ 떨지 마라.
__ 남들도 다 수능 날 긴장한다. 괜히 영화의 주인공이라 착각하
고 수능이 그만큼 큰 이슈라고 생각하지 마라. 누구나 다 보는

별 것 없는 시험이라고 냉정하게 봐라. 괜히 겁먹고 긴장하면 평소 실력도 안 나온다.

__ 누구나 다 두려움을 느끼지만 정도의 차이다. 무대 울렁증이란 말이 있다. 떨다가 무대에서 제 기량을 발휘하지 못하는 사람들의 증상이다. 어린 시절 주먹다툼을 하는 경우 대부분 두려움 때문에 승부가 난다. 일진이라는 학생들도 떼로 뭉쳐 있어서 두려운 거다. 실제 1:1로 싸우면 누가 이길지는 모른다.

__ 토론을 하더라도 감정에 휘말린 경우와 냉정함을 유지하는 사람의 차이는 크다. 감정을 드러내면 결과적으론 말리는 경우가 많다. 냉정함과 평정심은 실수하지 않는 중요한 요소이다.

__ 모든 인간은 두려움을 갖고 있다. 하지만 그걸 어떤 식으로 처리하는지가 중요하다. 마음이 흔들리면 실력을 발휘할 수가 없다.

__ 수능은 중요한 사건 중 하나이지만 인생을 돌아보면 가장 최고의 스트레스는 아니다. 이거 하나 못 이기면 다른 것도 넘을 수 없다. 어차피 세상을 살면서 별의별 고통을 겪게 된다. 결혼, 출산, 가까운 이와의 영원한 작별 등의 일도 있고 정말 속을 후벼 파는 듯한 고통을 느낄 때도 있다.

__ 남들도 수능을 봤고 이전 세대에서는 입학시험에 본고사까지 봤다. 그러니 별것 아니라는 자신감이 중요하다. 두렵거나 초조하고 불안해하면 실수가 나오고 문제가 잘 안 보인다. 이런 사람들은 앞으로 올 힘든 상황에서도 주로 '회피'하는 성향을

띠고 좋지 않은 결과를 맞이하기 쉽다.

__ 대범하게 임한다면 분명 능력을 좀 더 많이 발휘할 수 있다. 내가 그랬다. 위기에 몰리면 무슨 수를 쓰더라도 이겨내려 했다. 그 덕분인지 입시에선 항상 모의고사보다 잘 나왔고 시험을 보면 웬만한 경우 다 붙었다. 아, 운전면허 주행 한 번 떨어졌었다.

__ 수능은 고교과정을 바탕으로 대학에서 필요한 자질을 평가하는 시험이고, 점수라는 조건으로 차등을 두는 데 목적이 있는 제도일 뿐이다. 모두가 비슷한 조건이며 나에게만 주어진 시련도 아니다. 기성세대를 원망할 수도 있겠지만 그들 역시 같은 시험을 봤고 세상을 바꿀 힘을 갖고 있지도 않다.

__ 만약 앞의 교시 시험을 망쳤더라도 이번 시간을 잘 보면 된다거나, 최악의 경우 내년에 볼 수도 있다는 편한 마음으로 접근하면 제 실력을 발휘할 수 있다.

__ 국내보다 국제 대회에서 강한 이들이 있다. 이들은 중요한 경기에서 초인적인 능력을 발휘하고, 정신력이 강하며 평정심을 금방 찾는 공통점이 있다.

❾ 밥을 적당히 먹자.
__ 중요한 일이 가까워지면 초조해질 수가 있고 밥이 잘 안 먹힌다. 이를 해석하자면 한의학적으론 양(陽)의 기운이 강하다고 할 수 있고 비슷한 말로는 교감신경이 항진되고 몸은 전투상태

에 가깝게 되어 식욕을 덜 느끼는 상태라 할 수 있다. 이럴 때 중요한 것 중 하나가 밥을 '적당히' 먹어서 시험에 방해되지 않도록 하는 것이다.

__ 적당히 떡이라도 한두 조각 먹는 게 좋다. 정 그것도 싫으면 적당한 혈당 유지를 위해 단 음식을 먹어야 한다. 평소 설탕은 피해야 할 음식으로 꼽히지만 이런 날 만큼은 설탕커피나 꿀물같이 당을 공급할 수 있는 음료라도 먹는 게 좋다.

__ 설탕이나 탄수화물이 분해되어 생기는 포도당은 뇌의 기능에 직접적으로 영향을 미치므로 적당히 먹어줘야 한다. 직접 느끼지 못하더라도 일단 제대로 작동할 수 있는 상태로 몸을 만들어야 실력 발휘가 가능하고 실수를 줄인다.

__ 일단 익숙한 음식을 적당히 먹는 게 좋다. 식단 조절은 모의고사에서 연습해보고 실전에서 시행하자.

__ 입시 날 아무리 배가 고파도 과식은 금물이다. 보통 수능은 추울 때 치르는데, 실제 온도가 낮은 건 아니지만 심리적으로 위축되어 유독 춥게 느껴진다. 이런 날 교실은 따뜻하고 낯선 환경이라 몸이 노곤해질 수 있다.

__ 추우니 문을 닫아 환기도 안 되는데다가 사람이 많아 호흡 후 이산화탄소 비율이 높아지는 군집독이 유발될 수 있어 더욱 졸리다. 이런 상황에서 배까지 부르다면 집중력이 떨어지는 상황이 우려된다.

⑩ 내가 고른 답을 표기하는 방법을 정하자.

__ 객관식 보기에 어떤 경우는 X를 써서 답이라고 표시하다가, 어떤 경우는 맞는 것에 동그라미를 치는 등 일관성이 없으면 곤란하다. 이렇게 하면 급히 옮겨 적다가 엉뚱한 답을 고를 가능성이 있다.

__ 나는 크게 답을 써 놓았다. 옆에서 누가 보든 말든 상관없다. 보는 사람이 문제이지 일부러 보여주는 것도 아니고 어차피 잡는 건 감독의 소관일 뿐이니까. 그래서인지 단 한 번도 밀려 쓰거나 내가 마킹한 답 말고 다른 걸 쓴 적이 없다.

02

메인 교재는 하나로 하자

   많은 교재를 보는 것보단 핵심 교재 하나를 두고, 부교재를 따로 두는 게 좋다. 어차피 책은 거기서 거기고, 부족한 부분이 있다면 메인 교재에 추가 보충하면 되기 때문이다. 나중에 다시 볼 때도 메인 교재를 보는 게 시간도 절약되고 나중에 생각도 잘 난다. 어차피 한 번에 다 외울 수도 없으니 메인 교재는 하나로만 하자.

   책은 너무 어렵거나 너무 쉬워도 곤란하니, 약 70% 정도는 쉽게 넘어가고 나머지 정도에서 고민할 수 있는 수준이 적합하다. 남들이 많이 보거나 일반적으로 추천하는 책을 기본서로 삼은 뒤 유제로 개념 이해를 돕고, 다양한 문제를 풀면서 살을 붙여 가면 된다.

   메인 교재를 언제나 참조하고 기억이 잘 떠오를 수 있도록 여러 차례 본다. 기억이 잘 안 날 수도 있기에 난 연상법을 쓰거나 묘한 그림을 그릴 때도 있었고 형광펜, 사인펜, 인덱스를 비롯한 시각적인 도구를 활용했다.

형광펜과 기호 등으로 모르는 부분을 체크했고 볼 필요가 없는 파트는 과감하게 사인펜으로 X표를 그려 넘겼다. 정말 중요한 건 인덱스를 남겼고 이 부분은 식사 시간 등 자투리 시간 때 봤다. 이렇게 하면 필요할 때 바로 찾을 수도 있고 반복학습도 되는 동시에 나중에 기억이 잘 난다.

여기에 추가할 것이 색깔별 인덱스나 메모지다. 형광펜보다 다양하지 않아도 암기할 때 배경색이 다르면 느낌도 달라져 찍어 맞힐 확률이 높아지기에 암기하는 경우엔 색을 따로 분리해서 메모지나 인덱스를 활용했다.

난 언어에서 항상 다른 과목 합친 것 이상으로 틀렸기에 다른 과목에서 벌충했다. 기억력이 좋은 편이기는 하나 다양한 기호와 그림, 그리고 형광펜을 많이 사용해 도움을 받았다. 역사 같은 과목은 시대별로 색을 달리 하면, 각 시대별로 비교하는 문제가 나올 때, 색을 떠올리며 느낌으로 맞힐 수 있다. 자신만의 느낌으로 여러 색을 활용해 메인 교재를 정리하면 갑자기 긴장해서 생각이 나지 않는 경우라도 잠재의식 속에서 끄집어내기 한결 더 수월하다.

수학 공식을 외우면도 자주 쓰는 문자 A는 노란색, B는 주황색, X는 파란색, Y는 보라색으로 색을 칠한다면 정말 어이없이 기억나지 않는 경우에도 색으로 연상할 수 있다. 성격이 소심하고 긴장하는 친구들은 정말 이런 게 도움이 된다.

운동같이 몸으로 체득하는 것들과 공부를 통해 얻은 지식은 기억의 연속성으로 볼 때 차이가 난다. 이런 부분들을 보완하기 위해 메인 교재에 잘 정리해서 기억나도록 하자. 메인 교재를 잘 정리해서 그 과목을 떠올릴 때면 반드시 메인 교재의 구석까지 생각나게 만드는 게 좋다.

기초가 잡힌 이후엔 여러 단원이 섞여서 나오는 모의고사 스타일의 문제로 넘어가서 풀다가, 막히는 부분이 있으면 기초를 다지기 위해 메인 교재를 보면 된다. 좀 더 통찰력 있는 이해를 위해서는 문제 풀이와 반성은 필수이니 잘 안 된다고 해서 좌절하지 말고, 메인 교재를 수능 전까지 다 파악하면 된다는 생각으로 비장하게 칼을 갈자.

나는 정말 메인 교재 구석까지 기억나게 공부했고, 그래서인지 언어는 비록 기대에 못 미쳤지만 나머지 과목은 웬만한 건 맞힐 수 있었다.

나에게 맞는 교재를 선택한 후 내가 보기 쉽게 만들어 간다 ❘❘❘

탐구 영역은 메인 교재의 중요성이 좀 더 크다. 하지만 결국 내 것을 만드는 작업이 중요하며 하나로 정리해서 전체를 통찰하는 시선을 갖추는 것이 메인 교재를 만드는 궁극적인 목적이다.

이는 교재를 한 번 읽는 정도로는 해결할 수 없고 핵심 교재를 택한 뒤 시각이 다른 교재로 보충하는 게 좋다.

사회탐구 영역에선 표, 사진, 역사 자료 같은 것들이 많은데, 이를 보고 바로 생각이 떠오르면 좋겠지만 웬만한 고교생의 입장에선 어렵다. 과학탐구 역시 교재마다 강조하는 부분이 다를 수 있다. 개인적으론 오답노트를 만드는 데 매달리기보다는 메인 교재를 하나 정하고, 만약 불안하면 부교재를 하나 더 정하는 정도로 족하다고 본다. 잘 모르는 내용은 옮겨 적고 총괄적으로 정리하는 작업이 더 낫다고 보는 것이다.

내가 수능을 보던 해에는 이과 수험생도 과학과 사회 모두를 봐야 했는데, 과학은 EBS 교재로 몰아버렸고, 사회탐구는 단과 학원에서 정리한 것을 기본으로 해서 다른 내용들을 추가했다. 즉 메인교재는 하나였고 잘 모르는 내용 중 메인 교재가 부족하면 다른 교재를 자르거나 복사해서 붙여버렸다.

내 메인 교재 내용을 알면 90% 정도는 맞을 것이고, 나머지는 찍거나 시험장에서 머리를 쓰면 어느 정도 풀 것이라 생각했기에 이런 방법을 택했다. 여러 교재를 보면서 정리하면 좋겠지만 시간도 부족하고 사람의 머리 구조상 쉽지 않은 일이다. 그냥 하나만 파면서 여러 번 학습하는 게 머리에 많이 남는다.

메인 교재 정리하기 | | |

사회탐구의 경우 단과학원에서 받은 메인 교재가 있었는데, 아주 마음에 드는 건 아니었지만 어쩔 수 없이 그걸 보면서 다른 내용들을 추가했다.

과학탐구는 내가 많이 부족했고 중요했기에 메인 교재로 EBS 기본 교재를 두고 설명이 자세한 부교재를 하나 추가했다. 처음에는 설명용 교재가 없었는데, 기본 교재만 가지고는 생각보다 이해가 잘 되지 않았다. 과외를 할 수도 없고 강의를 들을 시간도 애매한 상황이라 좀 더 이해하기 위해서 마련했다. 개념만 알면 틀린 부분을 채워가면서 모두 다 알 수 있다는, 즉 틈만 기워가면서 온전한 그물을 만들려는 시도였다. 공부 좀 했던 사람들이 3개월만 공부해도 엄청 잘 나왔다고 합격 수기에 썼기에 그대로 믿었지만 현실은 전혀 그게 아니었다. 성공수기가 모두 다 나에게 소급되는 것도 아니고 분명 생각하지 못한 부분이 있었다.

결론을 말하자면 각 과목 별로 메인교재를 하나 뒀고 부교재는 과학 과목에서 설명이 자세한 걸로 준비했다. 언어는 사실상 주교재가 엉터리였고 결국 종합하지 못한 채 헤매다가 끝나버렸다. 반면 과학은 교재들을 10회가 넘게 열독하니 나중엔 내용이 머릿속에 고스란히 남았고 이는 급진적인 점수 상승의 견인차 역할을 했다.

메인 교재는 열심히 보자

체계가 괜찮고 남들도 많이 사용하면서 설명도 잘된 책을 고르자. 일단 평판이 좋은 걸로 하면 된다. 이해할 수 있는 내용이라면 복습할 때 금방 정리하고 넘어가고 틀리거나 잘 모르는 부분은 메인 교재에 첨가한다.

만약 너무 쉽고 뻔한 내용이라면 지워도 무방하다. 뻔히 아는 내용을 틀린다면 그건 모의고사에서 체크할 수 있는 것이니 약점 위주로 다져가는 방식이 좋다.

수리는 다양한 문제를 풀다가 메인교재에 애매한 부분을 정리했고 졸리거나 할 때 훑어보았다. 외국어는 문법이나 내가 틀린 문제를 한 곳에 모았는데, 외국어는 강점이 있던 분야라 투자 시간이 많지 않았다. 언어는 오답을 어떻게 정리할지, 개념을 어떻게 잡을지 모르다가 헤매버렸다. 사실 언어는 메인 교재보다 교과서를 열심히 보는 게 더 중요하다.

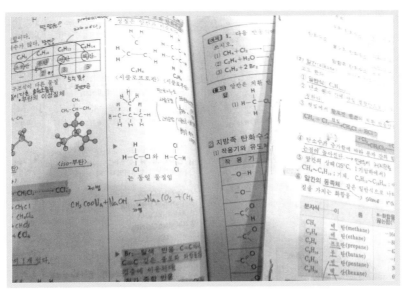

메인 교재는 하나로 합쳤다

과학은 메인인 EBS 정리 교재를 10회 이상 봤으며 필요한 설명의 경우 이해할 때까지 읽었다. 6월 모의고사에서 상위 50%정도로 나오던 과학은 수능에서 1% 이내로 들어갔다. 하나를 알 때까지 열심히 봤고 부족한 부분은 다른 곳에서 가져와서 보충했기 때문이다. 사회는 상위 7% 정도가 나왔지만 수능을 준비한 기간이 6개월이 채 안 되었기에 시간이 더 있었다면 아마 과학만큼 기적을 만들 수 있었다고 본다. 고3 학생은 나보다 시간이 많이 남았으니 기적을 만들 수 있을 것이다.

다른 교재의 내용을 옮겨 온다

같은 개념도 돌려서 물어보면 틀릴 수 있다. 응용문제까지 다 파악하긴 쉽지 않으나 결국 개념은 고교 과정을 기반으로 하고 있으니 이런 것들을 파악하고 보수해서 나의 것으로 만들어야 한다.

교재마다 강조점이 달라 어떤 부분은 놓칠 수도 있으니 풀다가 막힌 부분이 나오거나 내 메인 교재에서 비중이 많지 않은 부분이 나온다면 옮겨 적거나 과감하게 찢어서 붙이는 것도 좋다. 시간이 많이 걸리는 게 싫은 나는 찢어 붙이는 쪽을 택했다.

이런 게 정 싫다면 교재를 이원화시키는 방법도 있다. 내가 과학탐구에서 그렇게 했는데, 설명이 필요할 때 읽을 자세한 교재를 따로 마련했다. 머릿속에서는 정리가 잘된 메인 교재를 근거해서 틀을 짰고, 다른 문제를 풀다가 막히면 부교재를 보면서 이해했다.

메인 교재를 하나 두고 부교재에 인덱스만 붙여서 필요할 때 보는 방법도 시간을 절약해준다. 한 교재에 모든 내용이 담길 수는 없기에 다른 교재에서 차용해오지만 너무 내용이 방대해지면 안 되니 정리를 해두는 것이다.

도표나 그림 등을 자르거나 복사해서 붙일 수도 있지만, 그렇게 하면 내용이 장황해지니까 필요한 것만 마크하고 나머지는 메인 교재를 보는 것이다. 결국 교재보단 내 머릿속에서 정리되는 게 중요한데, 이건 교재가 정리된 정도에 따라서 머릿속에서도 잘 정리되니 보기 편하게 정리하라는 뜻이다.

EBS와 교과서만으로도 역전이 가능하다

몇 년 전 이런 기사를 읽었다. 중학교만 졸업한 아버지가 아들을 직접 가르쳤고 결국 서울대 문과 계열에 높은 점수로 합격했다는 훈훈한 소식이었다. 어떻게 보면 사교육 없이도 성공이 가능하다는 미담이지만 바꿔서 보자면 가정 분란을 일으키기 딱 좋은 소식이기도 하다. 아빠 탓을 할 수 있으니까.

그럼 부모님에게도 무기가 있다. 교과서만 보고 성공했다는 기라성 같은 수석 합격자들의 전설 말이다. 그럼 자녀들은 방송에서 시킨 말일 거라고 반박할 것이다. 나도 그런 인터뷰를 한 사람 중에 하나였었으니까……

입시 성공자들에게 마법과 같은 비법이 있을지도 모른다고 의심하는 것이 당연하다. 하지만 나는 교과서만으로도 잘 보는 사람은 분명 있다고 본다. 사람마다 각자 타고난 능력이 다른데, 공부에 문리가 트인 사람은 분명 있으니까. 운동도 마찬가지고 대인관계도 그렇고 자연스럽게 본성대로 해도 남들보다 뛰어난 이들은 분명 있다.

이 책은 재능 발굴을 위한 것이 아니라 공부의 효율성을 찾는 것이니 일단 그 부분은 넘어가자. 수능으로 돌아가서 말하자면, 수능은 고교 과정을 바탕으로 적당한 수준에서 응용하는 능력을 보는 시험이지 천재적인 발상을 찾는 절차가 아니다. 그러므로 교과서만 잘 숙지해도 수능시험을 볼 수는 있을 것이다.

그러나 이는 이상적인 담론일 뿐이고 현실적으론 쉽지 않다. 웬만한 천재가 아니고서는 당연히 배움이 있어야 하며 학교로 부족해 사교육, 과외, 인터넷 강의 등의 형태로 보충하고 있기 때문이다.

경제적인 부담과 시간의 부족, 의지의 한계 같은 또 다른 딜레마가 있는 사람들이라면, 나의 경우를 참조해도 좋을 것이다. 나는 지극히 이례적인 케이스인데, 5개월 보름 정도의 독학 기간, 독서실 비용까지 합쳐 100만 원이 안 드는 아주 저렴한 학습으로 입시에 성공했다. 인터넷 강의를 무료로 하나 듣다가 말았고, 교재비와 독서실 비용, 모의고사 응시료와 단과학원비 정도가 들인 비용의 전부였다.

결국 똑같은 말이지만 기초를 내 머릿속에 넣으면 그만인 것이다. 방법은 학교 수업, 인터넷 강의, 과외, 학원 강의, 독학 등 다양하지만 본질은 결국 고교 과정을 잘 헤아리는 것이다.

제목 자체는 굉장히 도발적이고 단적이지만 무조건 EBS만 하라는 것은 아니다. 나도 교과서 위주로 공부했던 건 아니며 수능 때는 언어과목과 국사 빼고는 교과서를 쳐다보지 않았다.

웬만큼 괜찮은 교재를 기본으로 해서 공부를 하는 경우 충분히 수능을 잘 볼 수 있다. 시험 끝나고 각 교재를 살펴보면 적중률이 꽤나 높게 나오는데, 이는 모든 교재마다 기본 개념과 응용이 수록되어 있고 그게 그거기 때문이다. 다만 그것을 활용하는 사람이 완벽하지 못한 것뿐이다. 단 시간에 고 기능을 발휘해야 하니 기본 매뉴얼의 내용을 다 숙지하지 못하거나, 다른 생각을 하거나, 순발력이 느려져서 실수를 하는 것일 뿐, 웬만한 교재는 내용을 다 수록하고 있다.

그래도 EBS는 정권의 성향을 가릴 것 없이 모든 정권에서 표면적으로나마 교육 평등을 이루기 위해 밀고 있는 것이므로 일단 보는 게 좋겠다. 사실 주변에서 호평을 받고 내가 보기 편한 것을 기본 교재를 정하든, EBS로 기본 교재를 정하고 다른 것을 참조하든 본인 편한 대로 하면 그만이다. 문제는 불안한 마음에 여러 교재를 동시에 보다가 한 권을 마스터했다면서 다른 교재로 넘어가는 방식이다.

어차피 검증된 교재라면 내용이 비슷비슷하니 중심 교재를 정하고 줄기 교재를 참고하는 과정에서 EBS를 포함시키는 것이 가장 합리적이라 본다. 교과서는 교과서의 문구를 자주 참조하는 언어나 사회 과목이면 몰라도 외국어나 수리에서는 정말 불필요하다고 본다.

나는 EBS를 핵심교재로 썼다. 잘 몰라서 EBS 인터넷 공짜 강의도 이틀 정도 들었는데 알고 보니 교과서가 바뀌어 옛날 파트를 공부했었다. EBS를 산 이유는 고3시절 EBS를 바탕으로 출제한다는 이야기를 들었던 적이 있어서 무의식적으로 샀고, 교재는 그게 그것일 거라 생각했으며 만에 하나 지문이 나온다면 EBS에서 나올 가능성이 제일 높다고 생각했기 때문이었다. 부족한 부분은 모의고사나 다른 문제집을 풀면서 보충하고 핵심 교재에 필기를 해 놓으면 된다는 생각에서 EBS교재를 봤을 뿐이었다.

정말 교재는 거기서 거기고, 틀리면 내가 잘 생각하지 못한 부분에서 틀릴 뿐이다. 다만 이런 부분은 간과하기 어렵겠다. 교육부에서 EBS를 바탕으로 낸다는 말을 할 때, 그 책을 안 보는 경우 심리적으로 불안해질 스타일이라면 EBS를 기본 교재로 해라. EBS 교재를 숙지했느냐 여부에 따라서 성적이 갈리는 건 아니지만 심리적으로 약한 사람은 그냥 마음이 편한 교재를 선택하는 게 낫다.

정리를 하자면 EBS 교재는 좋은 교재일 가능성이 높지만 그것을 바탕으로 응용을 하는 것이 중요하지, 그것만이 바른 길은 아니다. 기본 개념을 이해한 바탕에서 과거 수능문제와 평가원 모의고사를 참조하고 다양한 해법을 익히는 것이 훨씬 더 중요하다. 수능출제위원은 과거 출제 문제를 보고 올해의 문제를 내려 하지 EBS 강사의 말을 곱씹으면서 출제하진 않기 때문이다.

04

수능 기출문제집 선택의 요령

　기출문제집은 과거 수능 문제와 모의 평가가 있는 것을 보도록 하자. 어느 정도 정리된 상황에선 연도별 문제를 보는 게 좋겠지만, 수능을 분석하는 입장이라면 단원별로 묶어서 '몇 년도 출제'라는 인덱스가 붙어 있는 문제집이 더 낫다.

　한 단원을 묶어서 보면, 대략 어떤 스타일을 원하는지 알 수 있다. 맞히라고 준 문제, 변별력을 가리는 문제 등 문제는 다양하지만 어차피 모두 다 '정상적인 고교 과정을 이수하면 풀 수 있는 문제'들의 범주에 속한다. 그런 흐름을 일목요연하게 파악하려면 아무래도 단원별로 묶어 놓은 것이 낫다.

　시간이 부족한 경우에는 최근에 나온 문제들을 집중적으로 보는게 좋다. 난 아쉽게도 아는 부분이나 챙겨야겠다는 생각에 3년 전 정도의 문제까지만 보고 말았지만 이 정도만 하더라도 평가원 시험들까지 더하면 대략적으로 경향은 파악되었다.

기출문제는 여러 해의 문제를 계속 보는 것보다 분량이 적더라도 알 때까지 보는 게 더 낫다. 모든 문제 풀이는 이해를 위한 수단으로 사용해야지 문제집의 양을 늘리는 용도로 사용하면 안 된다. 난 시간이 있었더라면 그 전의 문제들로 거슬러 올라갔겠지만 경향도 조금 다를 수 있기에 최근 문제들이라도 확실하게 알고 넘어가려 했다.

어차피 과거 수능으로 내 실력을 평가할 게 아니라면 기출문제를 미리 풀어보면서 경향을 파악하는 게 낫다. 또 내용을 어느 정도 숙지한 뒤 풀어보는 걸 추천한다. 괜히 예쁜 글씨와 형광펜을 이용해 오답노트에 정성껏 쓰지 말고, 오답노트에 상관없이 과거 수능 문제들을 열심히 보고 내용을 파악해라.

기출문제를 처음 보면 기존에 접하던 문제들과 많이 다름을 느낀다. 기출문제를 처음 보면 상당히 신선하고, 출제자의 기발함이 느껴지지만, 적응되면 익숙해지고 거기에서 거기다. 진짜 어려운 문제가 가끔 나올지 모르나 일부러 다 틀리라고 문제를 내는 법은 없다.

수능 시험이 목적이므로 금년 수능 문제를 낼 법한 사람들의 문제를 풀어보는 게 좋다.

언어 영역

나의 언어과목 성적은 그리 좋지 못했다. 어릴 때도 그렇고, 나중에 수능을 볼 때도 다른 과목 합친 것보다 더 많이 틀리는 비운의 과목이었다. 원래 이과형 스타일이고 수학은 정말 잘했지만 국어는 그리 특출나지 않았고 글쓰기 대회에서도 두각을 나타낸 적이 없기에 문과는 단 한 번도 생각해보지 않았다.

예상대로 19세에 본 입시에선 국어 성적이 그리 좋지 못했다. 30세에 수능을 봤을 때도 마찬가지로 다른 과목 합친 것보다 더 많이 틀려버렸다. 언어는 전국 11%에 그쳤고, 공부 시간은 가장 많이 투자했지만 결과는 제일 안 좋았다. 그나마 내가 지원한 학교에서 반영하지 않았기에 다행이었지만.

내 문제는 별 체계 없이 고교 교과서도 안 본 채 바로 문제집으로 접근해 맥락을 잡지 못했단 점이다. 이런 식으로 공부해서 수학, 과학은 성공했고 사회도 나쁘진 않았지만 언어는 실패했다. 시간을 아낀다 생각했지만 방향이 안 좋아서 결국 시간을 낭비했고 기초를 다지지도 못했다.

수능을 2개월 남긴 상태에선 주력 과목에 집중하기 위해 모험이라 생각하고 언어의 비중을 대폭 낮췄다. 8월까지는 하루 7시간 정도를 언어에 투자했지만, 한계가 보이자 작전을 바꿔서 수학/과학/외국어 같은 핵심 과목이 반영되는 학교로 선회했고 언어는 운이 좋으면 잘 나오지 않을까 하는 애매한 작전을 구사했던 것이다. 결과적으로 언어는 망쳤지만 다른 과목은 잘 나와서 목표하던 성과는 이뤘다.

만약 한 해 더 공부했다면 결과는 충분히 달랐으리라 본다. 그러나 의대를 중퇴한 이유가 39세에 레지던트를 마치는 것이 무척 부담스러워 한의대나 치대 같이 과정이 짧은 데로 가기 위한 것이니까 1년 이상을 더 공부할 이유가 없었다. 어떻게 보면 언어는 실패담이고, 잘할 수 있었을 것이란 가정일 뿐이다. 그럼 내가 왜 실패를 했는지 살펴보고, 어떻게 하면 달랐을 것인지를 풀어보겠다. 이 부분은 언어 과목에 강한 전문가들의 조언을 받았다.

나는 이과형 인간인가 문과형 인간인가? | | |

예) 눈이 녹으면 (　　　)이 됩니다

낙엽이 지는 건 (   ) 때문입니다.

같은 사물을 보더라도 평가가 다를 수 있다. 나 같으면 눈이 녹아 물이 되고 겨울에 표면적의 수분을 보호하기 위해 낙엽이 진다고 말하겠지만 문과 사람들은 시처럼 다르게 표현할 것으로 생각된다.

사람은 분석적인 스타일과 감성적인 스타일로 보통 나눌 수 있는데 이는 이과와 문과 스타일로 볼 수도 있다. 이런 경향성의 차이는 누구에게나 존재하는데, 나는 분석적이고 이과 스타일인 사람이다. 어려서 소설은 잘 읽지 않았고, 시를 보면 짜증이 났다. 평생 시집을 보고 구매 욕구가 생긴 적도 없으며 감동받은 적도 없는 사람이다. 구체적이고 입체적이면서 비주얼적인 것을 좋아한다. 그러니 문학을 분석하는 자체가 낯설었다. 이는 결국 입시에서 실패로 귀결되었다. 나처럼 하면 안 된다.

수능에서 외국어는 언어와 다른 차원이다. 영어 회화와 영문학의 차이로 생각하면 되겠다. 영어 입시는 문학적인 분석이 필요 없고 문맥의 의미를 파악하거나 적당히 대화를 알아들으면 된다. 생활에서 쓸 수 있을 정도만 시험에서 물어보니 그 정도의 이해력이면 충분하다.

국어 과목은 그 정도의 수준으로 묻지 않는다. 문학으로 접근하는 언어 과목은 나에겐 난제였다. 남자들 중에 나 같은 스타일이 적지 않을 것이다. 과학이나 수학은 아주 잘하는데 언어 과목에서 다소 헤매는 '단순 무식'한 스타일, 그게 바로 나다. 이런 사람들은 언어 시험에서 요구하는 것을 찾는 훈련이 부족하다.

만약 문과형 사람이라면 수능에서 언어영역이 쉬워 보일 것이다. 별 생각을 하지 않아도 답이 보인다거나, 왜 그러냐고 물으면 '당연히 이런 것 같은데'라는 식의 답을 한다. 내 입장에서 보면 답답하다. 일부러 잘 쓰지도 않는 말을 문제에 내서 골탕 먹이려고 하는 것이 아닌가 하여 화가 나기도 했다.

이과형 사람들은 수능 언어 과목이 지옥 같다. 나같이 다른 과목 합친 것보다 더 많이 틀리는 상위권 수험생들은 정말 없었으면 하는 과목이었다. 하지만 피할 수 없으면 하는 게 낫고, 살면서 내가 좋아하는 것만 할 수도 없으니 인생의 일부라 생각하고 마음 편히 먹길 바란다. 다른 과목도 마찬가지니까.

자, 그럼 해법을 살펴보자. 이과형 스타일은 문제에 맞춰서 내 스타일을 바꾸는 훈련을 해야 한다.

앞에서도 봤지만 나는 참 실패를 많이 했다. 그렇다면 어떻게 해야 할까?

독서를 많이 하라 | | |

일반적으로 여학생들이 언어에 강한 건, 문학 작품을 접할 기회가 많기 때문이라고 본다. 남자들이 주로 게임 같은 비주얼에 더 많이 쏠리는 것도 같은 맥락이다. 난 소설은 입시를 준비할 때나 봤고, 시는 아예 쳐다보질 않았으며 논설이나 칼럼은 필요한 부분만 봤다. 그래서 결국 입시 언어에선 실패했다.

독서를 많이 하라는 건 고교 시절에만 해당하는 게 아니다. 어린 시절부터 독서를 하면 분명 교양도 높아지고 입시에서도 점수가 잘 나올 가능성이 높으니 일석이조 이상이다. 그러니 독서를 많이 하는 게 좋다.

문학을 많이 읽은 사람은 생각이나 말하는 것이 다르다. 인간이란 존재로 태어났다면 좀 더 깊은 성찰과 고민을 하고 반추하면서 사는 것도 나쁘지 않다. 사람은 끼리끼리 어울린다. 주변에 비슷한 교양수준의 사람들이 모이는 게 좋다면 책을 읽고 문학적인 가치를 기르는 것도 좋을 것이다. 다만 나는 주로 전공서적이나 전문 분야만 보는, 어떻게 보면 고상함을 반쯤 포기한 채 살기로 했다. 그래도 세상의 부조리함엔 침묵하지 않으려 하고 있다.

너무 잡설이 길었고 본론으로 돌아가자. 문학 작품을 봐야 하는 이유를 스스로 만들자. 요즘은 통섭형 인간이라고 해서 과학적 지식과 인문적 소양을 고루 갖춘 사람이 인기를 얻고 있는 추세이니 그런 사람이 되겠다고 목표를 잡는 것도 좋다. 내가 외국에 진출해 일할 수 있을 정도가 되었으면 해서 외국어 영역을 공부했던 것과 비슷한 맥락이라 보면 되겠다. 나는 동시통역 기자회견도 해봤고 공중파 방송 번역이나 번역책도 출간했었는데, 이는 목표의식이 있었기 때문에 가능했다.

삶에서 문학이 묻어나는 삶을 살려 하는 경우는 그렇게 하면 되고, 어떻게든 입시만 보고 이후 안 볼 생각을 하는 경우는 그렇게 해도 상관없다. 그래도 문학에 관심이 있는 이들을 이기긴 힘들 것이다.

교과서에 나온 작품은 다 알아야 한다 | | |

　내가 교과서의 작품을 다 알고 시험 본 게 아니라 고전한 면도 있었다. 입시에서 교과서 내용의 반영비율은 달라질 수 있지만 교과서는 그야말로 최소한 알고 가야 하는 기본이다.

　언어와 외국어, 수학은 차곡차곡 기초를 쌓아야 하는 과목으로 하루 아침에 실력이 느는 건 아니다. 공부를 제대로 안 한 상태에서 풀어 본 6월 평가원 모의고사에서 상위 10% 중반 정도가 나왔는데, 그나마 언어는 적당한 수준이었다.

　제일 점수가 나쁘던 과학과목은 급격히 올라 백분위 점수 1%를 기록했지만 언어는 그렇게 치고 올라가지 못했다. 나이가 있고 책이나 신문을 보던 배경지식 덕분에 잘 볼 것으로 예상했지만 실패였다.

　난 교과서에 어떤 작품이 있는지도 모르고 시험을 봤다. 교과서의 작품을 분석하는 것보다 바로 문제집으로 넘어가서 푸는 게 낫다고 생각했는데, 다른 과목에서는 괜찮았지만 언어에선 실패였다. 이는 3년에 걸쳐 교과서를 본 다른 수험생들에 비해서 불리함으로 작용했다.

　영어는 그나마 문법책이란 기본서가 있었지만 국어는 기본서가 딱히 없다. 영어는 교과서가 별로 필요 없다. 수리도 마찬가지고 과학이나 사회 과목들도 아주 절실한 건 아니다. 하지만 언어는 교과서 지문의 출제 가능성이 높다. 그러니 최소한 교과서의 지문을 아는 상황에서 점점 범위를 넓히는 게 좋다.

배경지식을 쌓자 | | |

언어 과목에선 전문 지식과 관련한 지문이 나올 때가 있다. 이를 풀기 위해서 폭넓은 상식이 필요할 때도 있는데, 일단은 수능과 관련한 과목들을 통해 지식을 쌓고, 여유가 있으면 폭넓고 다양한 책을 읽을 필요가 있다.

난 그런 접근이 부족했다. 직장에 다니면서 보던 IT 서적이나 스포츠 관련 글들이 내가 읽은 전부였고, 소설은 먹고 사는 방향과 관계없었기에 시간 낭비라 생각했다.

과학이나 사회 과목은 늦게 공부해도 상관이 없지만 언어는 미리 공부하면서 폭넓게 보면 좋다. 가장 좋은 건 사회나 과학 과목을 공부하면서 좋은 책을 읽는 것인데, 수업을 통해 배경지식이나 기초를 키우면서 설명문이나 논설문이 나와도 쉽게 이해할 수 있게 하는 것이다. 이렇게 배경지식을 쌓으면 교과서에 나오지 않는 지문 문제를 푸는 데 도움이 된다.

인터넷을 통해 지식을 쌓으려 하거나 거기에 빠지는 건 곤란하다. 일단 인터넷 지식에는 엉터리가 많고 검색을 하다가 엉뚱한 작업으로 빠질 가능성이 높기 때문이다. 필자는 의료나 스포츠 부분에서 전문적인 사람인데, 인터넷 자료를 보면 정말 엉터리가 많다. 필자가 하지도 않은 말을 했다고 인용하는 일도 있고, 뻔히 보이는 이상한 이론조차 마치 진실인 것처럼 호도되는 일도 있기 때문이다.

인터넷에 쉽게 빠지는 이들은 세상을 다소 편협하게 보는 경향이 있다. 이런 사람들은 입시를 위해 배경지식을 쌓기보다는 내가 보고 싶어 하는 것만 보려는 경향이 크고 지엽적인 지식만 많은지라 입시엔 도움이 안 된다.

시사 잡지나 신문도 편향성이 있고 칼럼리스트나 기자의 의도가 뻔히 보일 수도 있으며 업체의 홍보를 받아 작성되는 글들도 있지만 그나마 지면은 인터넷의 글보다는 아직 나은 편이다. 최상위권의 경우엔 좌우의 목소리를 내는 신문을 각각 한 부 정도 구하거나 인터넷으로 프린트해서 칼럼을 분석하는 것도 좋겠다.

시험에 대비한다면 모니터 화면을 보는 것은 그리 좋지 않다고 본다. 칼럼을 볼 때 구성이나 핵심을 파악하고, 글쓴이의 의도를 살피면서 배경지식을 쌓는 식으로 접근하는 게 좋다. 좀 애매한 부분이 있으면 인터넷을 이용하되 용어를 설명하는 백과사전 정도로만 보는 게 좋겠다.

내신 국어 공부에 대해 | | |

내신은 아주 예전의 일이고 내 한계가 명확한 터라 현재 교육에 몸

담고 있는 분들에게 자문을 구했다. 나는 고등학교에 가서야 언어 과목을 상대적으로 못한다고 느꼈다. 내신 성적이나 중학교 모의고사로는 변별력이 별로 없었기에 고교 주요과목 모의고사를 보면서 한계를 알게 되었다. 공부를 잘 못하는 학교에 다녀서 내신에서는 잘 몰랐지만 모의고사를 볼 때마다 국어 과목에서 항상 문제가 생겼다.

내신과 수능 국어는 많이 다르다. 내신 성적 국어를 잘한다고 해서 안심할 바는 아니라는 말을 하기 위해 꺼낸 화두다. 하지만 내신을 통해 차곡차곡 기초를 쌓고, 거기에서 응용하는 능력을 키우면 된다.

그럼 내신은 어떻게 해야 할까? 내신을 잘하려면 일단 수업에 충실해야 한다. 교사들도 수업에 나온 내용을 시험에 내야 수업에 집중하는 정도가 높아지기에 당연히 수업에서 문제를 낸다고 강조하고, 본인이 생각한 중요한 바는 시험에 내어야 한다는 생각을 갖고 있다. 수업을 열심히 듣고 필기를 잘하면 아무래도 내신 성적이 잘 나올 것이다. 그런 일과를 바탕으로 참고서를 보면서 능력을 기르고 문제를 풀면 좋다.

내신과 수능이 다르다는 건 상대적으로 무조건 일치하지는 않는다는 말이지 완전히 분리된 건 아니다. 내신 준비도 열심히 하면 좋다. 가장 이상적인 건 내신 공부를 차곡차곡 하면서 정성스러운 오답 노트를 만들고, 평소에 다양한 책을 읽어서 배경지식을 쌓으며, 문제 풀이를 통해 응용까지 하는 것이다. 그럼 나는 했었냐고? 절대 아니다. 일단 내가 내 노트를 쳐다보기 싫었고 귀찮아서 필기는 대충 하고 안 봤던 스타일이다. 말했다시피 나처럼 하면 안 된다.

내신을 통해 기초를 다지는 건 권투 선수가 샌드백을 치면서 스트레이트와 훅, 잽을 연습하는 것과 같다. 기초에 충실한 건 나쁠 게 없다.

자습서를 활용하자 | | |

교과서는 글만 실려 있고 이론적인 부분은 많지 않아 수업시간에 교사가 설명을 하는데, 이를 한 번에 이해하는 건 쉽지 않은 일이다. 이런 면에서 볼 때 참고서는 분명 유용한 존재다.

국어란 과목이 바라보는 방향에 따라서 답이 달라질 수도 있기에 교사의 지도와 참고서가 같지 않을 수 있지만 그런 일은 많지 않고 중요한 것도 아니다. 어차피 수능에서 답이 애매하면 사회적 논란이 되니 관점이 다르면 그럴 수도 있다고 생각하고 넘어가면 그만이다. 왜 그렇게 다르게 생각하는지 고민하면 더욱 공부에 도움이 되는 것도 사실이지만 말이다.

영어나 수학은 그렇게 세밀한 설명이 필요 없고 교과서의 중요도도 떨어지지만 국어는 교과서에 대한 확실한 이해가 필요하므로 설명이 많은 책이 좋다. 내용을 이해한 뒤 문제를 풀고 모르는 내용은 메인 교재에 정리하든지, 오답노트를 만들든지 해서 파악해야 한다. 노트를 만드는 게 귀찮고 시간이 많이 걸리면 메인 교재에 적어두는 게 좋지만 아직 여유가 있거나 체계적인 공부를 원한다면 오답노트로 정리해두는 게 좋다.

미리 많이 읽어둘 책은? ┃┃┃

책은 미리 많이 읽을수록 좋다. 다양한 분야의 좋은 책을 미리 보라는 것인데, 이를 통해 속독능력도 길러지고 주제를 파악하는 능력도 늘면서 나중에 필요한 공부 시간을 많이 줄일 수 있다. 아쉽게도 난 하지 못했지만 만약 1년 더 수능을 준비했다면 이런 식으로 접근해 아주 잘 봤을 것이라 생각한다.

교과 과정에 무관하게 고교 교과서에 수록될 법한 문학 작품들을 미리 읽어보는 것만으로도 큰 도움이 된다. 시, 소설, 논설, 설명문 등의 다양한 범위에서 나오긴 하지만 어차피 시험에 나올 지문들은 거기서 거기이며 내가 아는 지문이 시험에 나오면 자신감이 생긴다. 지문을 미리 파악하면 시간을 줄일 수 있어 한두 문제를 더 맞는 것이 가능하다.

일단은 교과서를 완벽히 알고, 그 다음엔 과거 수능에 나왔던 작품들을 살펴보는 것이다. 그 다음에는 고교 교과서에 나오는 작품들을 살펴보면 좋겠다. 나올 범위가 무한정일 수는 없기에 미리 공부를 하면 준비도 되고 교양을 쌓을 수도 있다.

이런 작품들은 학원에서나 인터넷 강의로 배울 수 있다. 과거의 것이라고 겁낼 것도 없고 한 번 읽는 수준으로도 나중에 도움이 된다.

주제 파악 훈련을 한다 | | |

내가 작품 속 화자라고 생각하고 글을 쓴 목적을 생각하는 훈련을
하자. 이런 훈련을 통해 '주제'를 파악할 수 있고 상대의 요지를 알
아챌 수 있다. 글을 쓰는 이들은 핵심주제를 말하기 위해 논거를 대
거나 이해 혹은 설득을 시키기 위해 다양한 방법을 사용한다.

'행간을 읽는다' 라는 말이 있다. 문학의 경우 작가가 분명 하고 싶
은 말이 있다. 이를 파악하기 위해 주제가 뭔지 생각하고 문학을 느
껴야 한다.

글을 읽은 뒤 주제에 밑줄을 긋자. 자꾸 하면 점점 속도도 빨라지
고 능률도 오르며, 나중에는 내가 했던 작업을 돌아보며 발전할 수
있다.

모의고사는 적절히 이용하자 | | |

시험 시간이 부족하다 느끼는 과목은 모의고사를 통해 감을 잡아
야 한다. 시간 안배 역시 훈련의 일환인데, 개인적으론 언어가 그런
과목이었다. 수준별로 대처법은 다르다.

하위권의 경우 모의고사를 자주 볼 필요는 없다. 아는 것도 부족
한데 새로 풀어봤자 시간 낭비이고 효율성만 떨어진다. 기본 개념을
다지고 기본서를 다시 보도록 한다. 어차피 맞을 것만 확실히 챙기고

나머지에서 역전을 노리는 게 좋다. 기초 공사도 부실한 건물에 인테리어에 돈을 들여 봤자 기반이 무너지면 말짱 도루묵이다.

중위권 역시 문제를 접하면서 기본서에 충실하고, 어느 정도 식상하면 모의고사를 보면서 감을 잡고 새롭게 마음을 다잡도록 한다. 일단 사설 모의고사 문제를 다시 풀어보는 게 좋은데, 그것도 다 했다면 넘기는 모의고사 문제지로 훈련하자. 시간 안배가 중요한 영역이기에 시험에 대한 '감(感)'을 익히는 훈련으로 접근하는 것이다.

상위권의 경우에는 새로운 문제로 약점을 보완하고, 시간 안배를 하기 위해 모의고사가 필요하다. 기초는 다 되었다는 전제하에 다양한 패턴을 연습하는 것이고, 언어 과목의 특성상 한 번 읽은 지문은 대략 기억나기 쉽기에 매주 1차례 정도 모의고사 문제로 실전훈련을 하는 것도 좋다. 1회 분량을 쉬지 않고 푸는 연습을 하면서 시험 시간 내에 정해진 문제를 풀고, 시간이 남으면 검토하거나, 부족하면 찍는 방식으로 시간 배분 훈련을 해라. 이 모든 절차는 기초가 정리되었다는 가정하에 한다.

수리 영역 06

수리 영역에는 집합만 죽어라 공부하고 나머진 찍는 이들이 있다. 만약 내가 선택하지 않는 과목이라면 이런 전략은 별 무리 없다고 본다. 만약 그게 아니고 수리영역이 필요한 경우라면 쉽게 포기해선 곤란하다. 자, 그럼 수리 영역 정복법을 살펴보자.

암기는 어디까지로 봐야 할까? |||

수학을 암기 과목이라 말하는 이도 있다. 개인적으로 별로 동의하고 싶진 않지만 많은 문제를 풀고 비슷한 패턴으로 파악해야 한다는 뜻이라면 어느 정도 일리가 있다. 일단 웬만한 문제들은 그리 큰 응용이 필요하지 않고, 수능에서도 감별을 위한 몇 문제들 외에는 비슷하게 풀 수 있기 때문이다.

그러나 수리에서의 암기는 무조건적인 단순 암기가 아니다. 가령 충청도의 산맥 이름이나 고려 시대에 지은 탑, 모스 경도계처럼 바로바로 나오는 것이라기보다 그 과정을 알고 어느 정도의 응용까지 할 수 있는 암기라 하겠다.

머릿속에서 생각하던 개념이 수학으로 구현되는 이들도 있겠지만 이는 극히 일부 천재들이나 가능할 뿐, 대부분은 단원이 나갈 때 배우고, 그걸 바탕으로 문제 풀이에 들어가는 경우가 많다. 이런 상황에서 수학을 무조건 외운다면 조금만 응용해도 헤매고 풀지 못한다.

이에 기본 유추 과정이나 원리, 개념은 파악하고 필요한 부분은 외우고 있으면서 이걸 적당히 응용하는 패턴까지 파악하는 걸 암기라고 할 수 있겠다.

사실 고교 수학이 그리 창의적인 것도 아니다. 그저 기본 개념에 충실하고, 그걸 적절한 수준에서 응용하는 것을 수능시험에서 요구할 뿐이다.

기본 개념은 당연히 알아야 한다 ▎▎▎

수학에서 출발점은 기본 개념이다. 기본 개념을 이해하고, 유추할 줄 아는 게 일단 기초 공사라 하겠다. 이걸 바탕으로 하는 게 고교 수학 응용이다. 머릿속에 있는 기억을 꺼내서 쓰는 훈련이 중요한데, 어떻게 보면 암기한 것을 적당하게 응용하는 과정이라 하겠다. 암기와 이해는 따로 분류해서 볼 수 없는 말일지도 모른다. 여하튼 어느 정도의 기본 지식이 필요하고 어떤 단원의 문제인지 파악해서 풀어가면 되는 것이다.

너무 단순하게 공식만 암기하는 경우 문제 푸는 기계가 될 수 있다. 일정한 단원만 보는 내신에서는 점수가 나쁘진 않으나 여러 단원을 보거나 다른 개념들이 섞여서 나오는 고차원적인 문제에 대응하기 쉽지 않다.

수능은 출제자가 '정상적인 교육과정을 이수하면 풀 수 있는 문제'라고 생각해 내는 문제에 내가 대응하는 것이다. 수능 문제는 너무 어려워도 곤란하고, 너무 변별력이 없어도 안 되기에 일부는 아주 쉽고, 어떤 것은 함정을 팠으며, 일부는 변별력을 가리는 문제들이다. 그러니 함정에 안 걸리고 실수를 하지 않으면서 변별력을 가리는 문제를 맞히면 대박이 나는 것이다.

뭐 이론이야 간단하지만 실전은 쉽지 않다. 이런 말은 권투나 격투기에서 상대의 주먹을 피하고 약점을 노려서 치고 들어가면 무조건 이긴다는 말이나, 야구나 축구에서 줄 점수는 안 주고 찬스를 놓치지 않으면 이긴다는 말과 다를 바가 없으니까.

그래도 그런 전제를 깔고 접근한다면 수능이란 상대가 좀 더 쉬워 보인다. 일단 맞으라고 주는 문제가 있고 변별력을 가리는 문제가 있으며 함정을 파놓은 것이 있으니 대략 상대의 의도는 알고 들어갈 수 있다.

이런 일련의 과정에서 기본 개념을 모르고서는 도저히 상대할 수가 없다. 기본 개념은 복싱에서 펀치를 날리고 피하는 법이나 야구에서 배팅 훈련과 같다. 기본적으로 어느 정도는 해내야 다른 것을 대처할 수 있는 것이다.

기본 개념을 바탕으로 문제에 접근하기 ||||

뻔하고 맞으라고 주는 문제는 너무 쉽거나 틀에 박힌 것이다. 이는 당연히 챙겨야 할 문제이기에 다른 수험생들과 큰 차이를 만들기 힘든 것들이다. 실수를 하지 않는 게 중요하다.

함정을 파놓은 문제는 사실 많이 나오지 않는다. 지저분한 문제는 기본 개념을 묻는 시험에서 논란이 될 수 있기 때문이다. 이런 문제를 대비하기보다는 계산에서 실수하지 않고, 문제를 잘 읽는 게 차라리 더 의미 있는 일이다.

그럼 변별력을 가리는 문제가 남았다. 이는 창의적인 문제라고도 할 수 있다. 그럼 어느 정도의 창의성이 요구될까? 수학 경시대회에서는 모르겠지만 수능에선 아주 뛰어난 문제가 나오기 힘들다. 그리고 고교 과정을 넘을 수도 없다. 고교 과정 중에서 색다른 양식이나 발상의 전환이 필요한 경우가 가장 어려울 뿐, 고교 과정을 뛰어넘는다면 사회적인 문제로 비약될 수밖에 없고 그런 부담을 안고 문제를 낼 출제위원도 없다.

변별력을 가리는 문제는 지독한 발상의 전환이 요구되는 것이 아니라 기본 전제나 특징을 바탕으로 해결이 가능한 것들이 많다. 결국 고교 과정 중에서 내는 것이기에 그에 맞는 정도로 학습하면 되고 기본 개념을 안 뒤 문제를 응용해서 풀면 될 뿐이다.

문제를 많이 풀면 된다고? ‖‖

수학은 많이 풀면 된다고 하지만 그건 아니다. 기본 개념을 이해하고 적당히 응용하는 절차가 완성된 이후에 좋은 문제를 풀어보는 게 중요한데, '기본 개념을 이해하고 적당히 응용하는 절차'를 이해라고 하면 이해로 볼 수도 있고 암기라고 하면 암기로도 볼 수 있다.

비슷한 문제를 반복하고, 그것이 기억에 저장되어 체계화되고, 적당한 수준에서 다른 단원과 응용하는 것이 수능에서 요구되는 수학의 원리다. 이걸 위해서 문제를 많이 푸는 것이 도움이 된다면 많이 푸는 게 좋지만, 쉬운 문제를 많이 푼다고 실력이 느는 것은 아니다.

통합적 사고가 필요하다 ‖‖

유기적으로 연계하고 통합적으로 생각하는 문제는 주로 변별력을 가리는 문제로 많이 출제된다. 재수생이나 과거에 책을 한 번 이상 읽어 본 사람이 현역에 비해 3월과 4월 모의고사에서 잘 보는 이유는 한 번 본 과정이기 때문이기도 하고 좀 더 통합적인 관점에서 볼 수 있기 때문이기도 하다.

수능에서는 여러 단원들을 연계할 수 있다. 맞으라고 주는 단순한 문제는 당연히 챙겨야겠지만 변별력을 가리는 단원 혹은 과목 통합적인 문제에 적극 대처할 필요가 있다.

예전에 수능을 보는 장수생들이 많았던 이유는 암기력을 테스트하는 학력고사에 비해 수능이 이해력을 요구하기에 더 쉬워 보인 면도 있다. 하지만 나이가 많다고 해서 모두 다 잘 보는 것도 아니고, 초반엔 재수생들이 반짝하겠지만 중반 이후로 갈수록 현역들이 치고 올라가므로 너무 좌절할 필요는 없다. 효율적인 방법을 택한 뒤 거기에 맞게 노력하면 성적이 오를 것이란 자신감을 갖고 임해보자.

통합적인 사고에 대해 강조했지만 말 자체에 기죽을 필요는 없다. 기본개념에 충실하고 순차적으로 대응한다면 대부분 풀릴 문제들이니까. 기초에 충실한 상황에서 다양한 문제들을 풀어본다면 충분히 대처가 가능한 것들이다.

창의력은 수능에서 별 필요 없다 | | |

창의력으로 성공한 이들은 몇몇 있지만 직장생활을 하는 사람들의 사례를 보더라도 그런 이들은 별로 많지 않다. 우리 사회는 창의력과 아이디어만으로 모험을 하기엔 한계가 많다. 누구나 다 알 만한 기업 소속 직원도 특허를 냈지만 소액의 포상만 받고 부서 회식으로 소비했다는 자조적인 이야기가 들리기도 한다. 소액의 돈만 지불한 대기업이 직원의 권리를 가져가는 경우가 비일비재하다.

창의력이 대단한 사람이라면 정말 반짝이는 재능을 찾아서, 그걸 다듬는 교육을 받거나, 천재적인 감성을 발현하면 되겠지만, 실제 그런 사람이 많지도 않고 지금 이 책은 입시 서적이니 그건 논외로 하겠다.

입시에 맞는 화두는 이것이다. 수능에서 창의력이 그렇게 많이 필요할까? 사실은 그렇지 않다. 수능은 천재를 뽑는 시험이 아니고 기본 개념을 활용해서 문제를 풀어가는 해법을 측정할 뿐이다. 정상적인 고교 과정을 이수한 이들이라면 풀 수 있는 문제를 내는 것이 출제의 기본 전제다.

기본 개념을 묻는 시험에서 출제자가 기상천외한 발상의 소유자를 굳이 찾으려 할까? 객관식이고 해마다 반복되는 시험을 통해 천재를 찾는다는 건 학교 운동장에서 산삼을 찾는 것처럼 무모한 짓이다. 수능을 잘 보면 천재일 가능성도 있지만, 해마다 수석이 나왔어도 세상을 바꾼 경우는 그리 많지 않았다. 수능은 천재를 뽑는 시험도 아니고 기발한 창의력을 찾는 시험도 아니다.

수능 수리는 기본 개념과 적절한 응용만 할 줄 알면 어느 정도 해법을 찾을 수 있다. 그러니 기본 원칙을 알고 차근차근 접근한다면 충분히 풀 수 있다는 걸 명심하자.

창의적인 사람은 분명 있다. 하지만 그 재주는 나중에 발휘하도록 하고 수능에서는 교과서와 원리 원칙대로 기초를 쌓는 것이 중요하다. 창의적이라 본인이 생각하더라도, 일단 기본적인 상식을 갖고 난 후에야 새로운 발상을 발휘할 수 있다. 기초도 없는데 어느 날 갑자기 천재적인 감성을 풀어내는 건 정말 극소수의 사람만이 가능하다. 악보를 못 보는 천재 작곡가나 정규 과정 없이 멋진 작품을 만드는 영화인 혹은 예술가, 새로운 형식의 업종을 발견하고 많은 자본을 끌어 모으는 사업가 정도가 창의적이라 하겠지만, 불행히도 수능에서는 그런 이들이 발굴되진 않는다.

출제자의 입장에선 기본정의나 기초와 관련된 풀이를 물어보고 작은 응용을 위해 다른 단원, 혹은 다른 과목과 연계시킬 수도 있다. 하지만 답은 분명 있으니 적극적으로 찾도록 하자. 창의력이란 말에 겁먹을 건 없다. 수능에서 엄청난 창의력은 필요 없다.

계산에서 속력을 내라 ▎▎▎

이건 사실 고3 1년 내에 해결할 수 있는 부분은 아니나 어린 학생의 경우엔 꽤나 유용하다. 내가 입시에서 수학을 그나마 잘했던 이유는 정해진 시간 내에 문제를 풀어야 하는 시험을 보며 계산에서 시간을 절약해 한두 문제를 더 맞을 수 있었단 점이다.

현대 사회에서 계산이 빠르다는 건 그리 큰 도움이 되는 기술은 아니다. 기발한 발상은 사업적으로 대박을 낼 수 있지만 빠른 계산으로 대박을 내기는 힘들다. 그러나 입시에서만큼은 계산속도가 큰 비중을 차지한다. 빠른 계산에 정확성을 겸비한다면 복싱에선 펀치 속도가 빠른 것이고 게임에선 축지법을 구사하는 신발을 신은 것과 같다. 계산이 남들보다 빠르니 같은 시간에 검산을 더 하거나 한 번 더 풀 시간을 벌 수 있다.

계산에서 속력을 낼 수 있었던 건 어린 시절 암산을 공부해서였다. 쉽지 않다 하더라도 일단 계산기는 대학에 가기 전까지 절대로 쓰지 말고 문제를 푸는 방법을 익혀야 한다.

어릴 때는 십만 단위의 암산을 했었지만 지금 현재 나는 백 단위 정도만 가능하다. 그래도 나쁘진 않았고 30세에 봤던 첫 수능 모의고사에서도 빠른 계산 속도는 도움이 되었다. 수학 모의고사에서 몇 문제씩 틀려 마음고생도 했었지만 계산에서는 큰 무리가 없었고, 나이가 들며 어릴 때 하던 실수들이 많이 줄어들면서 만점에 대한 자신이 생겼다.

이런 건 계산이 빨랐기에 얻게 된 마음의 평화일 수도 있다. 마치 축구에서 1:1로는 웬만한 이들은 제칠 수 있다는 자신감과 비슷하다고나 할까? 수능 직전까지 실력이 대폭 올랐고 문제가 어렵게 나와 남들과 변별력을 갖게 되길 바랄 정도였다.

내가 봤던 해엔 문제가 쉬워서 만점자들도 꽤 있었기에 좀 아쉽기도 했는데, 모호한 한 문제를 제외하고 모든 문제를 풀고 나니 45분 정도가 남았다. 그 한 문제가 내 당락을 결정할지 모른단 생각을 했지만 다른 문제들을 검산해야 한다고 생각해 그걸 제외한 채 중요해 보이는 문제를 검산하니 30분 정도가 남았다.

남은 한 문제만 풀면 다 맞을 수 있겠다는 생각에 쥐어짜기 작전으로 갔다. 도형 문제였는데 일단 길이를 재서 아닌 보기를 하나 제한 뒤 다양한 고민 끝에 5분 정도에 걸쳐 풀었고 나머지 5분 동안은 원시적인 방법으로 접근해 검산을 했다.

남은 20분 동안 세 번째 검산에 들어갔고 쉬운 문제도 역산으로 풀거나 답을 검증하는 식으로 갔다. 총 세 번 풀이를 했고 운이 좋게도 다 맞을 수 있었다. 사실 이렇게 하더라도 하나 정도는 틀릴 수 있지만 다행히 다 맞았다. 조금이라도 어릴 때 계산기를 과감하게 포기하고 계산능력을 길러보자.

계산과정은 깔끔하게, 키워드나 함정엔 마킹을 ││││

수학에서도 함정은 문제에 숨어 있다. 범위를 구할 때 당연한 기본 조건도 긴장하면 빼놓을 수 있다. 간혹 풀고 난 뒤에 친구와 이야기하다가 함정에 빠져 실수했다는 걸 깨닫고 우울감에 빠질 수 있다.

우선은 시험 끝난 뒤 남들과 답을 맞추는 짓은 하지 말고, 문제를 읽을 때 확실하게 함정을 피하는 방법을 찾아야 한다. 물론 많이 풀어봤거나 확실히 아는 사람들은 이런 함정에 잘 걸리지 않지만 어설

프게 아는 경우가 문제다.

이런 함정을 피해서 간다면 한두 문제는 더 맞을 수 있고, 이는 비슷한 점수대에서 확실한 차이로 나타난다. 가볍게는 로그에서 진수와 밑의 조건, 혹은 문제의 기본 전제 등은 실수로 귀결될 여지가 다분하므로 본인이 자주 실수하는 항목은 아예 처음부터 문제지에 적거나 체크한 뒤 조심한다.

계산 실수라는 말은 어떻게 보면 본인에게 지극히 억울한 일이고, 누구에게나 있을 수 있지만 이것도 결국 포괄적으로 보면 실력이다. 실수는 억울하겠지만 성인이 된 후 숫자를 놓고 실수하는 경우 더 큰 문제가 될 수도 있기에 조심한다.

함정에는 마킹을 하고, 빠르게 푸는 법을 강조했는데 그와 더불어서 계산 과정을 깔끔하게 적어놓는 것도 중요하다. 물론 이는 검산이 가능한 상위권에 해당한다.

가장 중요한 건 정확히 푸는 것인데, 이를 위해선 글자를 정확하게 써야 한다. 숫자 2와 Z는 반드시 구별하고 x자도 앞면과 뒷면의 둘로 나눠서 쓰도록 훈련하고, y와 q 역시 정확하게 구별되도록 필기하는 습관이 필요하다. 내가 내 글씨를 알아보면 된다고 생각하겠지만, 이상하게 쓰고 나서 검산에 시간이 걸린다면 별로 좋은 방법은 아니다.

깨끗한 글씨는 푸는 과정에서 오류가 없도록 해주며 만약 시간이 남으면 검산도 용이하게 한다. 이런 것들은 수능시험장에서 어느 날 갑자기 생겨나는 능력이 아니라 평소 연습으로 생겨난다.

위에서 강조한 계산속도가 더해진 상태에서 계산과정을 깔끔하게 표기할 수 있다면 큰 무기를 갖고 있는 셈이다. 문제가 지독히 어렵거나 검산할 시간의 여력이 없는 경우라면 그 중요도는 떨어지겠지만 문제가 어떤 수준으로 나올지는 누구도 알 수 없다. 문제가 쉽게 나온 경우엔 특히 도움이 되며 갈수록 수능 수학이 쉽게 나오는 경향이기에 깔끔한 계산과정의 표기는 실수를 줄이는 데 큰 힘을 발휘할 것이다.

자신의 실수는 잘 보이질 않는 법이다. 그게 인간이 갖고 있는 특징이며 다들 그런 단점을 안고 시험에 임하는 것이니 가급적 오류를 줄이는 것이 고득점의 비법이고 계산과정을 깔끔하게 적는 것이 추가점수를 얻을 수 있는 비결임을 깨닫자.

기타 참조 사항들 | | |

❶ 역산을 연습해라.

상위권에 해당하는 방법이다. 검산 시 기존 해법과 똑같이 갈 필요는 없다. 답을 대입해 거꾸로 알아낼 수도 있고 검산 시간을 줄일 수 있다. 역산의 단점도 있다. 내가 인식하는 대로 문제가 풀리기에 오류를 찾기가 좀 어렵다는 점이다. 숫자계산이 주를 이루는 문제는 역산을 사용하는 것도 나쁘지 않다.

❷ 수학 노가다같이 무조건 푸는 방법도 고려하자.

'수학 노가다' 라는 말이 있다. 단순하게 그려서, 혹은 경우의 수를 세어서 문제를 푸는 일인데, 조건을 제시하고 1000번째 는 어떤 모양이 나오느냐는 문제나, 10년 뒤 1월 1일은 무슨 요일이냐 같은 유형이 이 경우에 해당한다. 정 안 풀리고 다른 문제들은 풀 게 없다면 이런 식으로라도 해봐라. 부정행위가 아닌 한에는 무슨 수를 쓰더라도 맞으면 된다. 꾸준히, 계속, 포기하지 말고 문제를 풀도록 하자. 나중에 성인이 되어도 안 되는 걸 되게 해야 하는 경우가 있다. 고상하게 푸는 것만이 능 사가 아니다.

❸ 찍어서 맞는 것도 연습.

수능은 객관식으로 나오기에 아무 생각 없이 찍어도 맞을 수는 있다. 상위권은 전혀 아닌 객관식은 지워버리기에 찍어도 맞을 확률은 1/5이 넘는다. 완전히 아닌 것은 일단 배제한 후 찍도 록 한다. 루트나 로그의 값도 적당히 외워서 값을 계산하면 찍 어서 맞을 확률이 좀 더 높아진다.

❹ 시간 절약 방법을 습득한다.

고교 과정 이외의 것이지만 수학에서 증명된 것이며 미적분 등 에서 시간을 단축할 수 있는 방법이 있다. 이런 것들을 알아도 좋다.

❺ 온라인 교육 업체의 분석을 참조하자.

주관식 답을 찍어줘서 맞은 사례들도 적지 않다. 일단 비슷한 답을 피해가는 요령을 찾아서 수학 인터넷 강사가 분석한 것인데, 무조건 맹신할 바는 아니지만 맞을 때가 있으니 무시할 수 없다. 수능 가까운 시간에 주변 사람들에게 묻거나 결과를 입수하는 것도 좋겠다.

❻ 각도를 재거나 길이를 유추해서 전혀 아닌 답은 제거한다.

수능 문제 출제는 굉장히 정교하게 이루어진다. 도형이나 그래프가 나오는 경우에 길이나 각도는 정확한 비례로 출제된다. 문제에서 주어지는 예시와 보기의 길이나 각도를 유추해서 전혀 아닌 답안은 미리 제거하고, 나머지에서 답을 찾자.

수리영역 수준별 학습법 | | |

하위권

기본 개념을 이해하는 데 일단 힘을 기울인다. 수학을 포기하지 않은 사람이라면 일단 70%선을 맞고, 나머지는 찍어서 맞힌다는 생각으로 접근하도록 한다. 수능의 난이도는 교육부의 발표와 달리 알 수가 없고, 30문제 중 아는 것은 일단 맞히고, 나머지 중 찍더라도 운이 좋으면 대박이 날 수도 있기에 쉽게 포기하는 건 금물이다.

❶ 수준에 맞는 기본서를 찾자.

기본 정리를 해줄 수 있는 책을 찾는다. 기본 개념을 이해하지 못하면 문제를 푸는 것도 불가능하다. 필자는 EBS 책을 봤지만 뭐가 되었든 기본서는 거기서 거기이기에 딱히 뭐가 낫다고 추천하긴 그렇다. 남들이 많이 보는 걸 봐서 서로 경쟁도 하고, 애매하면 물어보는 것도 나쁘진 않다. 기본서는 이해를 쉽게 하도록 도와주고, 바로 응용할 수 있는 문제가 옆에 있는 것이 좋겠다.

❷ 기본서를 최소 3회 이상 보고 부교재를 보자.

기본서는 핵심 교재로 삼고 이것만 정독한다. 모의고사나 내신과는 무관하게 최소 3회 이상 본 뒤 다른 책에 손을 대는 게 좋다. 이런 책은 기본서에서 부족한 부분이나 개인적 약점을 보충해주는 서적으로 부교재 정도로 보면 되겠다. 기본서를 보면서 내가 알 수 있는 부호나 기호로 체크를 하고, 애매하면 형광펜으로 마킹도 하면 좋다. 그 대신 글자 하나하나에 샤프로 동그라미를 치고 읽는 듯한, 두 번 보기 싫게 만드는 방식으로 공부하지는 마라.

❸ 교재가 너무 어려우면 교과서를 보거나 개인 교습을 받자.

교과서는 가장 근본적이면서 편하게 서술하는 책이다. 기본서의 개념이 어렵다면 교과서를 보고, 그것마저 어려운 상황에서 성적 향상의 의지가 있다면 개인 교습을 받는 것도 방법이다. 불성실한 사람보다는 기본을 차근차근 알려주는 이를 택해서 기본을 알아야 한다. 개인 교습은 비용이 발생하는 단점이 있지만 성적을 꼭 향상시키려는 의지가 있고 도저히 기본 개념이 이해가 되지 않는 상태에서는 좋은 해결책이다.

❹ 목차를 가끔 눈여겨본다.

기본 개념은 나무다. 목차는 전체적인 숲으로 볼 수 있다. 내가 어디에서 뭘 하는지 알아야 전체적으로 파악이 가능하다. 물론 이건 좀 더 고득점자에게 필요한 과정일 수도 있겠지만, 최소한 어떤 단원에서 뭘 묻는지 알고 푼다면 완급조절에 도움이 된다.

❺ 질리지 않을 공부 시간을 정한다.

지금 당장 초등학생의 책을 보면 너무 쉬워서 열 시간도 풀 수 있을 것이다. 하지만 수험서적을 보면 피곤하고 졸리다. 이는 자기에게 어려운 과정이라 느껴지는 어쩔 수 없는 현상이기에 수학이 너무 힘들면 내가 어느 정도 시간을 낼 수 있는지를 파악해 그 정도만 투자하는 게 좋다. 처음 볼 때와 두 번째 볼 때는 확실히 투입되는 시간이 줄어들 것이다. 어차피 교육과정은 제한되어 있기에 반복해서 보면 되므로 무리하게 완독하거나 몇 시간을 계속 앉아서 보겠다는 생각은 접고, 부담이 덜 되는 과목으로 선회한다.

❻ 이해하고 유제를 푸는 가벼운 방법으로 접근한다.

개념을 이해하고 가벼운 문제를 하나 둘 정도 푸는 게 좋다.

주교재의 유제를 풀거나 교과서의 문제를 푸는 정도라면 이해

도를 높일 수 있다.

중위권

80%를 실력으로 맞고 나머지를 올려서 대박을 내겠다는 마음이

필요하다. 중위권에서는 두 문제 정도에 따라서 향배가 바뀌므로 실

수는 줄이고 실력 이상으로 뭔가 하겠다는 적극적인 마음이 필요하

다. 하위권 학생들이 아는 건 기본적으로 안다는 전제하에 다음 단계

에 해당하는 설명을 하겠다.

❶ 기본서를 바탕으로 부교재를 구한다.

내 실력에 맞는 기본서는 기본적으로 숙지하고 부교재를 택해

빠지는 내용을 담는다. 부교재가 꼭 필요하다는 건 아니고 주

교재에 부족한 부분을 다른 곳에서 차용해 써놓는 것도 나쁘진

않다. 단 한 권만 볼 건 아니므로 기본 교재는 하나로 택한 뒤

이걸 기본으로 설정해 다른 교재의 내용을 더한다.

❷ 체크하는 법을 익힌다.

내가 아는 건 가볍게 넘어가고, 모르는 건 체크한 후 확실히 알
아간다. 아무래도 나와는 잘 맞지 않는 단원이 있을 텐데, 이런
곳은 확실히 짚고 넘어가거나 모르는 문제는 체크해서 다시 본
다. 이는 기본서에 해도 좋고 오답노트를 만들어 확실하게 표기
하는 것도 방법이다. 오답노트 내에서도 이젠 다 알게 된 부분
이 있는 반면, 계속 실수를 하는 내용도 있기에 이것도 각각의
방법에 따라서 체크하면 좋다.

❸ 가벼운 선행학습이나 예습이 좋다.

교사의 지도 방법이 나와 맞지 않거나 수업 내용이 지극히 어
렵거나 쉬운 경우라면 모르겠지만 수업은 웬만하면 중위권 학
생을 대상으로 하므로 수업에 맞춘다. 이해를 위해서는 미리
가볍게 선행학습이나 예습을 하는 것도 나쁘진 않다. 예습을
하기 싫으면 쉬는 시간에 한 번 훑어보는 것도 좋다.

❹ 실수하지 않도록 조심한다.

계산 실수든 문제를 잘못 봤든 어쨌든 실수하지 마라. 문제 하
나를 찍어서 맞는 것보다 실수를 줄이는 것이 낫다. 실수는 같
은 것을 반복할 가능성이 높고, 나는 안다고 생각하지만 그렇
지 않을 가능성도 있기에 아예 문제를 풀 때 쉬운 것과 좀 애매
한 것, 정말 어려운 것을 나눠서 체크한 뒤 나중에 답을 맞춰보

자. 내가 생각한 개념과 수학에서 묻는 개념이 다를 수도 있으
므로 이걸 맞춰보는 건 정말 중요한 일이고 실수를 줄이도록
다지는 방법이다.

❺ 목차를 보고 구조를 연구한다.
어느 정도 교육과정을 다 공부한 뒤엔 반복 학습과 적절한 응
용이 필요하다. 교과서의 목차를 보면서 전체적인 틀을 볼 수
도 있다. 이렇게 거시적인 관점에서 보면 서로 연계되는 단원
들이 대략 보인다.

상위권

최소 90% 이상 맞고, 나머지 애매한 세 문제 중 두 문제 이상을 맞
힌다는 각오를 갖고 간다. 만점도 충분히 가능하다는 생각으로 시험
에 임해야 한다.

❶ 수업의 선택.
수업이 나랑 맞지 않으면 과감하게 따로 공부하는 것도 방법이
다. 오만하게 수업을 무시하라는 건 아니고, 나에게 필요한 부
분은 듣고 그게 아니면 도움이 되는 것에 집중하라는, 선택과
집중 전략에서 나오는 작전일 뿐이다.
수업시간에 다른 사람의 말이 들린다 하더라도 오히려 시끄러
운 상황에서 집중하는 훈련으로 생각하고 문제만 풀면 상관없

다. 양궁 국가대표가 꽹과리를 치는 상황에서 화살을 쏘는 것처럼 외부 요인에 방해받지 말고 내 것만 풀면 그만이다.

❷ 최대한 실수를 줄여라.

기본 전제에서 A는 실력, B는 운 좋게 맞는 것, C는 실수로 틀리는 것이므로 A를 키우고 B를 늘리면서 C는 줄이라고 했었다. 이는 어느 과목에서나 마찬가지인데, 실력을 키우고 찍든 역산을 하든 길이를 재든 어떻게든지 맞히면서, 계산에서 실수하지 않고, 문제를 잘못 읽는 우를 범하지 않는 게 중요하다.

❸ 아는 것부터 푼다.

일단 애매한 문제는 뒤로 빼고 아는 것부터 풀어나간다. 짧은 시간에 아는 것들을 해치우고 나면 그 다음 애매한 것들을 풀고, 나머지 남은 것들을 정리해서 웬만하면 90% 이상 맞는 목표를 정한다.

❹ 검산은 두 번 이상 할 수 있도록 한다.

검산 과정 중 모든 문제를 다시 풀 필요는 없다. 가령 답이 나오면 그걸 역으로 집어넣어서 계산이 맞는지 확인하면 검산이 된 것이다. 정말 모르는 것이 있으면 쥐어짜서 답을 찾도록 한다. 시험이 쉬우면 검산을 더 할 수도 있고, 어려우면 검산이 불가능하겠지만 나에게만 해당하는 일은 아닐 것이므로 동요할 것도 없다. 난 수능시험에서 세 번 이상 검산을 했다. 문제가 쉬웠기에 애매한 한 문제를 놓고 10분을 할애했고, 결국 쥐어짜듯 풀어내면서 답을 찾았다. 이후 검산을 하면서 다 맞힐 수 있었다.

❺ 빠른 계산과 알아볼 수 있는 풀이과정.

개인적으로 강조하고 싶지만 다소 늦어버린 일이 암산이다. 이는 고등학교 1년 내에 해결할 수 있는 부분은 아닌데, 나의 경우엔 암산을 빨리 해서 많은 도움을 받았다. 일단 계산과정이 빠르고 정확하니 실수할 확률이 줄어들었다.

암산이라는 건 사실 수학 문제를 정해진 시간에 푸는 것 말고는 별로 쓸모가 없다. 계산은 계산기가 하는 세상이니 업소에서 누가 가격을 속이는 것이나 가끔 잡아내는 것 말고는 별로 도움될 일이 없긴 하다. 그래도 시험에선 꽤나 유용한데, 이건 1년 사이 키울 능력이 아니라고 본다면, 풀이과정이라도 깨끗하게 써서 답을 찾아내도록 한다.

❻ 이해는 기본, 응용을 추구.

당연히 기본 내용은 숙지하고 있고 공식의 유도 과정도 알며 기초적인 응용법은 알고 있을 것이다. 이런 상황에서 좀 더 폭넓게 공식을 유도하고 기본 개념을 좀 더 깊게 공부하도록 한다. 정의를 묻는 문제가 나오면 틀릴 수도 있기에 확실히 짚고 넘어가도록 한다.

❼ 문제를 풀면서 체크를 한다.

너무 쉬운 문제, 좀 애매한 문제, 다시 봐야 할 문제, 어려운 문제를 체크하면서 풀어간다. 이렇게 하면 검산의 시간이 줄어들고 필요한 부분을 다시 보는 데 유리하다. 문제집에 직접 체크하는 습관을 기르고, 정해진 시간 내에 풀면서 반복해서 검증하고 답안을 보는 훈련을 한다면 검산 훈련을 하는 데 도움이 된다.

틀린 건 무조건 내 책임이다. 맞은 것 중 애매하게 맞은 건 확실히 체크하고 내 것으로 만들어라.

30문제를 다 찍어서 모두 다 맞을 확률은 1/5을 30회 곱한 숫자가 될 것이다. 이게 얼마나 어려운 확률이냐 하면 로또 맞을 확률의 100조 배 이상 어렵다(진짜다 한번 계산해 봐라). 하지만 30문제 중 27개를 내가 풀고, 나머지 3개 중 애매한 답을 하나나 두 개 정도 제거한 상태에서 찍는다고 가정하면 $(1/4) \times (1/3) \times (1/4)$ 정도가 될 것이다. 1/48은 아주 낮은 확률이 아니다.

❽ 정말 아닌 답을 제거하는 훈련을 한다.

찍어서 맞히는 확률을 높이는 방법으로 답을 도저히 모르겠고 시간이 남는다면 객관식의 답 중 전혀 아닌 것을 제거하는 훈련을 한다. 물론 수능에선 이런 허술한 문제가 나올 가능성이 적기에 많아야 하나 정도 나오겠지만, 최소한 찍어서 맞힐 확률은 높일 수 있다.

❾ 수능 기출문제나 평가원 모의고사 문제는 확실히 알고 간다.

내신 문제는 솔직히 별 의미가 없는 경우가 많다. 모의고사는 내신보다는 수능에 가깝지만 그래도 역시 문제는 수능이 제일 좋다. 기출문제나 평가원 모의고사만 잘 분석해도 시중에 나온 문제집 중 웬만한 것을 푸는 것보다 수능을 훨씬 잘 볼 수 있다.

기출문제를 보면 자신이 약한 부분을 알 수 있는데, 이걸 확실하게 내 것으로 만들면 약점을 웬만큼 보충할 수 있다.

❿ 기본과 기출문제까지 섭렵하면 본격적인 문제 풀이로 간다.

실전의 단계라 봐도 되겠다. 문제집 중에서 넘기는 것을 보면서 모의고사처럼 풀고, 시간도 재고 검산까지 한 뒤 정답지와 답을 맞춰보며 약점을 계속 보충한다.

외국어 영역 07

외국어는 머리와는 그다지 상관없다는 말이 있다. 그 나라 언어를 2000시간 정도 계속 들으면 자연스럽게 말이 터진다고도 한다. 지능에 따른 편차는 상대적으로 매우 적다. 실제로 듣다가 보면 언어를 향한 귀는 뚫리는 게 보통이다. 어릴 때 외국에 살았던 친구들을 보면, 실제 머리가 좋은지의 여부와 상관없이 영어 하나 만큼은 잘한다.

일단 난 프로레슬링 중계를 보면서 알아듣는 것이 외국어를 공부하는 목표였고 계속 보다 보니 자연스럽게 영어에 익숙해졌다. 일본문화를 꽤 좋아하는 사람 중에는 성적에 상관없이 일본어를 할 줄 아는 이들이 많다.

고급스럽게 언어를 구사하는 건 지적 능력이 좌우하나 일반 대화는 그런 수준이 필요하지 않는다. 수능의 외국어 영역은 언어 영역처럼 글을 세세하게 분석하는 게 아니다. 외국어는 외국어일 뿐, 내용적으로는 어렵지 않은 것들을 물어본다. 수험생들도 번역된 지문을 읽어보면서 무슨 말인지 이해가 안 되는 경우는 없었을 것이다. 그러니 내용은 어려운 게 아니란 걸 명심하자.

외국어를 좋아해보자 | | |

난 어릴 때부터 영어를 좋아했다. 당시엔 요즘같이 어릴 때부터 영어를 공부하는 분위기가 아니었던지라 중학교 입학을 앞두고서야 제대로 공부를 시작했지만, 외국에 유학가고 싶다는 생각에 영어는 정말 재미있게 공부했다. 소설이나 시는 별로 안 좋아했기 때문에 언어 과목에는 약점이 있었지만, 영어는 즐거운 마음으로 접근했고 웬만하면 다 외워버렸기에 그리 어렵지 않게 풀었다.

어릴 때부터 외국에 유학을 가고 싶었다. 누군가 의대를 가라고 했는데, 의대에 가면 외국 유학은 어려울 것이라고 생각해 건축가가 되겠다고 결정했다. 유명한 건축가가 되면 자유롭게 전 세계를 다닐 수 있을 것이라 착각했던 것이다. 제대로 세상을 알려줄 멘토가 하나도 없었던 촌놈의 망상이었다고 하겠다. 신세한탄은 이 정도에서 그만하겠다. 고생스러웠지만, 누구도 가지 않은 삶을 살고 있다는 것에 자부심을 가지련다. 여하튼 외국에서 공부하기 위해 영어 공부는 열심히 했다.

영어를 열심히 한 이유는 창피하지만 또 있었다. 국내 명문대를 졸업한 뒤 미국의 정상권 대학원을 다니면서 프로레슬링 도장에서 훈련하고, 재능이 있으면 WWE에 도전하겠다는 꿈을 꾸었기 때문이다. 체격은 큰 편이고 영어도 적당히 하는 터라 만약 재능만 있다면 아시아 사람에게 배정되는 인종별 쿼터의 틈새시장은 가능하다 봤기에 영어를 열심히 했었다. 그래서 20대 중반 이후엔 하루에 두 시간 이상 운동도 했었다. 아, 민망하다.

도전 기회가 없던 건 아니다. 미군부대에서 카투사로 군생활을 했고, 회화엔 문제가 없을 정도로 영어 실력도 갖췄으며, 내가 졸업한 연세대 출신들 중엔 미국의 정상급 건축대학원에 간 사람이 많았다. 하버드, 프린스턴, 콜롬비아, 스탠포드 졸업생들이 선배, 동기, 후배들 사이에 실제 널렸다. 건축대학원은 학비가 비싸고 현지 지원자가 적어서 가기 어렵지는 않다. 현실적인 부분에서 벽에 부딪쳤지만, 여하튼 그런 공부 과정에서 영어 실력은 남았다.

고3이라면 늦었다 생각할지 모르겠지만 영어를 좋아해보자. 아예 영어와 무관한 업종에 종사하면 모르겠지만, 어떤 기업에 입사하더라도 영어는 계속 본인을 괴롭힐 무서운 놈이다. 영어를 잘해두면 나쁘지 않다. 기업에서 영어 성적을 요구하기에 어차피 대학에 가서도 영어 공부는 해야 한다. 살면서 영어 쓸 일이 많다. 내가 한의사라서 가끔 외국인 환자를 상대하는 것 말고는 쓸 일이 없을 것 같겠지만, 책도 번역했고 방송 번역도 했으며 외국 책도 빨리 볼 수 있다.

영어를 잘하면 좋은 게 많다. 회사에서 능력 있는 사람으로 보이고, 국비 유학 등 우연한 기회가 다가왔을 때 잡을 확률이 높아진다. 문화에 대한 폭도 넓어지고 해외여행 가서도 충분히 소통이 가능하며 좀 더 넓게 세상을 볼 수 있다. 그러니 영어를 미워하지 말자.

세상은 많이 바뀌었다. SNS를 통해 영어로 소통하고, 은근히 엉뚱한 곳에서 기회가 열리며 세상의 간격이 점점 좁아지고 있다. SNS를 통해 나에게 환자들이 찾아오기도 하는데, 외국어를 잘하면 시장이 좀 더 커질 여력은 분명 있다.

지극히 개인적인 생각이지만 수능 과목 중 어른이 되어서 제일 효용성이 있는 건 영어다. 언어영역은 잘해봐야 티도 안 나며 퀴즈 풀 때나 의미 있을 뿐이고 몰라도 크게 문제가 안 된다. 수학은 대학에서 전공으로 하지 않는 이상 관련 과목 학점을 취득한 뒤에는 그리 쓸모가 없고 계산만 적당히 해도 충분하다. 영어는 직장 생활에서도 필요한, 아주 물귀신 같은 과목이다.

피할 수 없으면 즐기란 말이 있다. 영어는 정말 평생 따라다니면서 귀찮게 한다. 업무 능력과는 관련이 적더라도 남과 차별되는 약점이 될 수도 있다. 반대로 차별을 특혜로 만들 수도 있으니 영어를 잘해서 좋은 평가를 받고 좀 더 많은 기회를 얻는 게 어떨까?

건축 설계 대학원으로 유학 간 후 WWE에서 활약하고 싶어 했던 나의 사례가 일반적인 것은 아니겠지만 영어를 잘해야 할 목표를 만들어라. 외국 이성과 사귀겠다는 목표도 상관없다.

미국 드라마를 자막 없이 보거나 외국 잡지를 자연스럽게 읽는 것을 목표로 영어를 보기 바란다. 그렇게 영어에 임한다면 좀 더 편하게 학습하고, 자연스럽게 점수도 오를 것이다. 영어를 좋아하도록 노력하자.

단어장의 활용 | | |

단어는 총알이다. 단어를 모르고서 한국어를 할 수 없듯, 외국어 영역 역시 단어를 파악해야 한다. 단어의 기본 뜻은 물론이고 복합적인 의미도 파악해야 한다. 발음은 적당히 알아도 좋다. 물론 이상적으로 딱딱 맞게 알면 괜찮지만, 수능에서 발음을 보는 것도 아니고, 우리나라에선 너무 발음에만 집중하는 경향이 있다.

혀만 굴리면 영어를 잘하는 줄 아는 사람이 반기문 UN 총장의 영어를 듣고 발음이 엉망이라며 영어 실력이 형편없다는 평가를 내리는 것을 본 적이 있다. 그러나 실제 외국인들은 반기문 총장의 영어 구사 능력을 수준급이라 평가한다. 내용과 전달이 중요하지, 외국인 같은 발음을 강조하는 건 의미가 없다. 어차피 미국과 영국 영어의 발음도 다르며 미국 내에서도 남부와 북부의 어투가 현저하게 다르다.

아, 잡설이 많았는데, 발음에 너무 연연하지 말라는 뜻이다.

단어는 영어 공부의 기본으로 문법, 독해를 아무리 공부해도 단어가 부족하면 감을 잡을 수 없다. 단어를 공부하면서 자연스럽게 범위가 확장되어 문법, 독해, 듣기도 좋아지기에 단어는 무조건 가장 먼저 시작하는 부분인 동시에 확실하게 알고 있어야 하는 부분이다.

어려운 단어를 알고 있다면, 기본적으로 이 단어는 모를 것이라 가정하고 낸 문제에서 다 맞고 들어갈 수도 있다. 물론 수능에선 이런 허술한 문제가 거의 없고, 너무 어려운 단어는 아예 지문 밑에 따로 뜻을 써주기도 하지만 단어는 많이 알면 알수록 좋다. 다만 어려운 단어를 외울 시간에 다른 공부를 하는 게 나아 그걸 강조하지 않

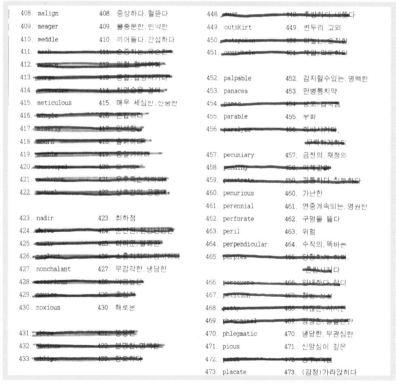

408.	malign	408. 중상하다, 헐뜯다	448. ~~roust~~	448. ~~추방하다, 내쫓~~다
409.	meager	409. 불충분한, 빈약한	449. outskirt	449. 변두리, 교외
410.	meddle	410. 끼어들다, 간섭하다	450. ~~outspoken~~	450. ~~터놓~~고 ~~솔직한~~
411.	~~meek~~	411. ~~순종하는, 유순한~~	451. ~~overwhelm~~	451. ~~제압, 압도하다~~
412.	~~menace~~	412. ~~위협, 협박하다~~		
413.	~~merge~~	413. ~~융합, 합병시키다~~	452. palpable	452. 감지할수있는, 명백한
414.	~~metamorphose~~	414. ~~변형하다, 겪다~~	453. panacea	453. 만병통치약
415.	meticulous	415. 매우 세심한, 신중한	454. ~~panic~~	454. ~~공포, 공황상~~
416.	~~mingle~~	416. ~~혼합하다~~	455. parable	455. 우화
417.	~~miserly~~	417. ~~인색한~~	456. ~~paralyze~~	456. ~~마비시키다,~~
418.	~~mourn~~	418. ~~슬퍼하다~~		~~무력하게하다~~
419.	~~mumble~~	419. ~~중얼거리다~~	457. pecuniary	457. 금전의, 재정의
420.	~~municipal~~	420. ~~지방자치의~~	458. ~~pending~~	458. ~~미해결인~~
421.	~~mushroom~~	421. ~~우후죽순자라다~~	459. ~~penetrate~~	459. ~~관통하다, 침투하다~~
422.	~~mutual~~	422. ~~상호간의, 공동의~~	460. penurious	460. 가난한
			461. perennial	461. 연중계속되는, 영원한
423.	nadir	423. 최하점	462. perforate	462. 구멍을 뚫다
424.	~~naive~~	424. ~~순진한, 천진난만한~~	463. peril	463. 위험
425.	~~nasty~~	425. ~~더러운, 불쾌한~~	464. perpendicular	464. 수직의, 똑바른
426.	~~neglect~~	426. ~~소홀하게하다, 방치하다~~	465. ~~perplex~~	465. ~~당황하게 하다,~~
427.	nonchalant	427. 무감각한, 냉담한		~~혼란시키다~~
428.	~~notorious~~	428. ~~악명높은~~	466. ~~persevere~~	466. ~~인내하다, 참다~~
429.	~~novice~~	429. ~~초심자~~	467. ~~petition~~	467. ~~청원, 신청~~
430.	noxious	430. 해로운	468. ~~petty~~	468. ~~하찮은, 사소한~~
			469. ~~phenomenal~~	469. ~~경이로운, 놀라운~~
431.	~~plague~~	431. ~~전염병~~	470. phlegmatic	470. 냉담한, 무관심한
432.	~~oblivious~~	432. ~~분명한, 명백한~~	471. pious	471. 신앙심이 깊은
433.	~~oblige~~	433. ~~강요하다~~	472. ~~placid~~	472. ~~고요한, 평온한~~
			473. placate	473. (감정)가라앉히다

아는 단어는 과감히 지운다

을 뿐이다.

난 오답노트는 없었지만 단어장은 따로 만들었다. 단어장은 한 번만 옮겨 적으면 여러 번 반복해서 보는 게 가능했기 때문이었다. 재수 없다고 생각할지도 모르지만, 단어를 꾸준하게 외운 터라 고교시절 영어 공부에서 단어는 그렇게 많이 외울 필요가 없었다.

그것은 나의 경우고, 수험생들을 위해 적용하자면 다음과 같다. 단어장은 사실 별 재미가 없다. 외우라고 툭 던져주는 작은 전화번호부와 같기에 무미건조하고 답답하다. 지문을 보면서 외우면 암기가 쉽다고 하지만 일단은 단어장을 선택한 뒤 외우고, 지문을 공부하면서 모르는 것을 중심 단어장에 옮겨 적는 게 좋겠다.

❶ 단어장을 선택한다.
　　남들이 많이 쓰는 일반적인 것으로 구한다.

❷ 아는 단어는 과감하게 지운다.
　　어차피 모르면 나중에 다시 찾아서 나의 단어장에 적으면 된다. 모르는 것만 여러 번 보는 게 반복 학습을 위해서도 좋다.

❸ 나의 단어장도 만든다.
　　오답노트 스타일로 내가 잘 모르는 단어를 적어놓는다. 오답노트를 만드는 것은 시간이 많이 걸리므로 취사선택해도 되지

만, 단어 오답노트는 반복 학습에 유리하고 만드는 시간도 적게 든다.

❹ 자투리 시간에 보면 좋겠다.

단어장을 집중해서 외울 시간에 다른 걸 하고, 남는 시간에 한두 번 슬쩍 봐라. 컨디션이 좋을 때는 어려운 과목을 하고, 몸이 노곤하거나 졸릴 때는 머리를 별로 쓰지 않는 반복학습을 해라.

❺ 수능 필수 단어는 무조건 암기한다.

문법, 독해, 듣기보다는 기초 단어를 알아야 한다. 그것도 모르면서 다른 걸 공부하는 건 별 의미 없다.

사전과 전자사전의 활용 ||||

전자사전은 찾기가 편하지만 '영어-우리말 뜻'의 단순한 연계로는 영어를 잘하기 어렵다. 우리말과 일본어는 어순이 비슷해 배우기가 쉬우나 영어는 우리말과는 달라 한국어식으로 사고해선 곤란하다. 영어권 사람들이 불어, 독일어, 스페인어를 쉽게 배우는 반면, 우리나라 말이나 중국어, 일본어를 어려워하는 것도 같은 맥락이다.

영어를 영어식으로 사고하기 위해서는 영영한 사전이 낫다. 영영사전이 좋지만 이해하기 어려운 면도 있기에 예문이 있는 영영한 사전을 구해서 손때가 묻도록 꾸준하게 보면 도움이 된다. 이렇게 하면 예문을 보면서 독해도 감을 잡을 수 있다. 마치 수학에서 개념을 본 뒤 유제를 푸는 것과 같은 효과다.

전자사전 중에 뜻이 폭넓게 나오는 것이 있다면 그것을 선택해도 무방하겠지만 종이 사전을 찾다가 보면 전자사전만큼 익숙해진다. 다만 영어를 너무 우리말식으로 해석하려 하지 말길 바란다.

단어 암기가 약한 이들은 철자를 하나하나 외우려 하지 마라. 어차피 수능에서 철자를 묻는 경우도 없고 외국인들 중에서도 철자를 놀랄 만큼 제대로 쓰지 못하는 이들도 있다. 철자를 완벽하게 알면 좋지만, 그걸 가다듬을 시간에 다른 단어나 하나 더 보고 적당히 외우는 게 낫다. 철자의 개수가 많은 단어를 외운다면서 친구들끼리 경쟁한 적도 있는데, 그건 3.1415927… 같은 파이의 소수점 이하 자리 숫자를 외우는 경쟁과 같은 쓸데없는 짓이다. 철자를 잘 외우면 상관없겠지만, 잘못 외우더라도 크게 유념하지 마라.

문법 | | |

문법 문제는 두 문제 정도만 나오고, 잘 몰라도 적당히 맞힐 수 있는 수준이다. 과거엔 정말 쓸데없는 문제가 많았는데 수능에 와서 많이 정리가 되었고 예전에 비해 난이도가 엄청 낮아졌다.

학력고사 시절엔 미국인도 별 관심 없을 법한 문법 문제들이 많았다. 문제를 위한 문제, 영문학자들이나 연구할 만한 쓸데없는 문제들이 즐비했던 케케묵은 시대의 이야기를 하는 이유는 충분히 공부할 만하다는 걸 강조하기 위해서다.

문법은 독해에서 필요할 때가 있다. 그 정도는 언어를 사용하는데 있어 꼭 필요한 문법이다. 그 문법은 이후 토익, 토플, 탭스, GRE 같은 문제들을 접할 때에도 분명 필요하다.

남들이 잘 쓰는 교재 중 최신 흐름을 반영한 문법교재 하나만 정한 뒤 그걸 바탕으로 공부하는 정도면 충분하다.

지문 독해 | | |

수능 외국어 문제 중 가장 비중이 높고 배경지식이 있으면 더욱 유리한 부분이다. 독해를 하기 위해서는 문법과 단어가 종합되어야 하기 때문에 가장 변별력이 있다. 나중에 대학에서 원서를 볼 때도 필요한 능력이다. 외국에서 살다가 온 사람에 비해서 많이 뒤떨어지는 분야이기도 하다.

지문을 읽고 중심 주제를 파악해야 하는데, 문장 자체는 언어영역에 비하면 쉽다.

독해를 위한 팁을 드리자면, 다음과 같다.

❶ 문단의 마지막 말부터 일단 해석해라.

보통 주제가 아래에 집약되거나, 마지막 직전에 반전이 있으면서 결론을 낼 때가 많다. 마지막 말이 해석하기 어렵거나 애매하면 처음에 핵심이 숨어 있을 가능성이 그 다음으로 존재한다.

❷ 주목할 만한 단어들에 체크한다.

therefore, so(긍정의 결론), however, but, in contrast(반대 근거), conclusion, expert, studies(권위 및 자료), 의문문 다음에 오는 문장 등은 의미가 중요할 때가 많다.

❸ 아닌 답은 지우면서 풀어간다.

수학처럼 딱 떨어지는 게 아니고 외국어 영역은 보통 둘 정도의 애매한 선택이 놓일 때가 많다. 완전히 답이 아닌 것부터 지우면 부담이 적고 마킹할 때도 실수할 확률이 적다.

❹ 내용을 물어보는 문제는 하나하나씩 보는 수밖에 없다.

이런 경우 긍정과 부정의 의미를 잘 구별하고 파악한다.

나눠서 읽자 | | |

문장을 끊어서 읽으면 사실 편하지만 우리가 신문을 보면서 그렇

29. In physics, scientists invent models, or theories, to describe and predict the data we observe about the universe. Newton's theory of gravity is one example; Einstein's theory of gravity is another. Those theories, though they describe the same phenomenon, constitute very different versions of reality. Newton, ___(A)___ , imagined that masses affect each other by exerting a force, while in Einstein's theory the effects occur through a bending of space and time and there is no concept of gravity as a force. Either theory could be employed to describe, with great accuracy, the falling of an apple, but Newton's would be much easier to use. ___(B)___ , for the calculations necessary for the satellite-based global positioning system (GPS) that helps you navigate while driving, Newton's theory would give the wrong answer, and so Einstein's must be used.

게 끊어 읽을 필요가 없는 것처럼 영어가 익숙하면 굳이 꼼수를 부릴 필요가 없다.

__ 한 문장 뒤에 // 표를 했었다. 그리고 쉼표는 크게 표시했다. 이렇게 하면 분량이 적어 보이고 몇 개로 나뉘어서 파악이 가능하다. 지금도 어려운 문장을 볼 때면 나눠서 본다.

__ 주어는 동그라미로 표시한다. 주어와 동사만 있으면 문장의 핵심이 반영되므로 주어는 표시한다. 난 형광펜을 썼는데, 색을 부여하든 기호로 가든 선택하면 된다.

__ 접속어나 관계를 나타내는 단어 역시 눈여겨 체크한다.

__ 수식어나 설명하는 문장은 핵심을 가리는 존재이니 길게 묶어

서 나눠버린다.

__ 나눠서 읽으면 검사하기가 편하다. 수학에서는 검산하는 과정
에서 다시 한 번 같은 실수를 반복할 가능성이 크기에, 그 부분
을 조심해야 하지만, 영어에서는 그럴 가능성은 적다. 검사할
때 시간 절약에도 도움이 된다.

외국어영역 빠르게 읽기 전략 |||

외국어는 그저 많이 보는 게 가장 좋다. 하지만 고3 수험생에게는
약간 어려운 일이다. 그렇다면 어떻게 해야 할까? 외국어는 지문이
가장 큰 비중을 차지하는데, 문법을 자세하게 공부할 건 아니고, 주어
와 동사 정도를 파악하는 능력만 있어도 시간을 많이 단축할 수 있다.
예를 들자.

다음 글에 들어갈 'I'의 심경으로 가장 적절한 것은?

I watched the beautiful stretch of the shoreline as it floated into
view. How wonderful it was! After two days at sea, I finally
saw the land of infinite opportunities. There it was before me
— smiling and inviting; it was difficult for anyone to decline
that invitation. I was full of great plans to find success in this

---

unknown land. I had accepted a job offer from Dr. Gilbert, who had opened a medical clinic at an inland village last year. It gave me great pleasure to think about how my dream would become a reality. I looked again at the coast. The line of distant mountains and shapes of houses were gradually emerging through the mist. They welcomed me with endless promises.

① excited and hopeful   ② sad and depressed

③ relieved and sympathetic   ④ scared and frightened

⑤ ashamed and embarrassed

이런 문제는 주장이 맨 뒤에 있을 가능성이 높다.

우선 '끝없는 약속' 이런 게 있으니 적어도 긍정의 의미일 것으로 생각하면 된다.

그럼 1번과 3번은 긍정적, 그런데 3번은 좀 뒤의 말이 애매하다.

2, 4, 5는 다소 부정적인 의미이므로 그냥 봐서 찍는다면 1번이 맞을 거고, 만약 어렵게 중간에 꼬았다면 나머지 중에서 세세하게 찾아봐야 한다.

dream, beautiful 같은 착한 단어만 많다. 결국 답은 1번이다.

긴 문장 같지만 실제 핵심은 간단하다. 나머지는 부수적인 요소일 뿐이다. 다 읽고 파악하면 좋지만 솔직히 그건 외국에 살다오거나 영어를 끼고 사는 사람 아니고선 불가능하고, 나처럼 잘한다고 자신만만했던 사람도 틀렸다.

어떻게 보면 세심하게 못 본 내 책임도 있는데, 일단 빠르게 읽는 건 시간을 줄이는 데에 유리하다. 외국어를 우리글처럼 읽을 수 있는 사람이야 속독을 하겠지만, 그게 아니라면 주어와 동사부터 찾도록 하자. 나머지는 괄호로 묶어두었다가 나중에 세부적 문제가 나왔을 때 파악하면 쉽다.

듣기 | | | |

많이 들으면 귀가 뚫린다. 그러나 목적성 없이 많이 듣는 것보다는 집중해서 듣는 편이 훨씬 더 효율적이다.

듣기는 나중에 외국어를 잘하는지를 가리는 핵심 요소다. 토익 시험에서도 절반이 듣기 평가이고 회화를 할 때도 일단 알아들어야 뭔가 할 수 있다. 수능에서 비중은 적지만 실제 영어를 사용할 때 꼭 필요한 부분이다.

목적성을 찾자

듣기는 일단 많이 들어야 해결되지만 무작정 들어서는 해결되지 않는다. 지금 아랍 방송을 본다고 내년 이맘 때 아랍어를 할 수 있을 것이라 말할 수 없는 것처럼 목적성이 없이는 별 의미가 없다.

앞에서도 말했듯이 난 WWE 진출을 하고 싶었기에 옛 스타 선수들이 상대에게 협박하는 '프로모(promo)'를 따라한 적도 있었다. 영상을 자꾸 보니 당연히 다 외워졌다.

예전에 팝송이 유행할 때는 가사를 보면서 영어를 공부하는 학생도 있었다. 일본 게임을 좋아하던 이들도 성적과 무관하게 일본어를 어느 정도 하는 경우가 많았다.

좋아하지 않더라도 영어 듣기 실력을 늘릴 수는 있다. 예전 연세대학교를 다닐 때 배운 과정이었는데 꽤 도움이 되었다. 3분 정도의 뉴스를 듣고, 영어로 옮겨 적는 훈련이었다.

EBS 교재나 남들이 추천하는 걸 택해 영어 듣기를 하고, 시간이 있으면 MP3로 같은 내용을 반복해서 듣는다. 듣기 역시 많은 분량을 한 번 듣는 것보다는 같은 걸 여러 번 들어서 완벽하게 아는 게 좋다.

나는 DVD로 영화를 보며 대사를 외울 정도로 다시 보았다. DVD는 옵션 설정에 따라서 영어 대사가 자막으로 나오게 할 수도 있으니 학습에 편리하다. 어느 정도 들리면 그때는 자막 옵션을 끄고 배우들의 입모양에만 집중하는 연습을 한다. 이 정도라면 다른 사람의 말이 안 들릴 수가 없다. 이렇게까지는 아니더라도 말하는 사람의 내용을 그대로 적을 수 있다면 듣기는 그리 어렵지 않다.

듣기를 잘하는 비결

❶ 영어에 대한 관심을 키운다.

　말이므로 어차피 들릴 수밖에 없다.

❷ 애정이 없더라도 왜 공부하는지 목적을 갖는다.

　영어를 좋게 생각하는 마음을 갖는다.

❸ 쉬운 영어를 받아 적는다.

　영어 듣기의 수준은 중학교 생활 영어 정도에서 오가고, 독해
　수준의 말은 절대 안 나온다. 우리말로 바꾸면 일상 대화 정도
　이므로, 듣기 평가 문제들을 다시 받아 적으면서 이해하도록
　한다.

외국어 영역 수준별 학습법 ▏▏▏

하위권

단어를 일단 숙지하고 듣기는 과감하게 시간을 줄인다. 단어를 외
우고 독해를 늘리는 식으로 접근한다. 단어만 잘 알고 들어가고, 듣
기는 아는 것이 혹시 나오면 좋고 아니면 찍는다. 문법이야 존재감이
적으니 독해 공부를 하며 보조로 하면 된다.

공부의 비중을 단어에 60% 이상, 독해엔 30%, 문법에 10% 정도

할애한다. 만약 1등급을 노린다면 듣기를 준비해야겠지만, 갑자기 올릴 수 있는 과목도 아니고 그냥 수능에서 과감하게 듣기는 포기해라. 지금부터 잘하리라 생각할지도 모르지만 그럴 사람이 고3까지 못했을 리가 없으니 과감하게 단어와 독해에 집중하고 듣기는 신께 맡기자.

독해 역시 심층적인 분석은 무리이므로, 주제를 찾는 훈련을 하면서 풀어보자. 다 맞으려 하지 말고 주제를 찾은 뒤 문제에서 원하는 것을 파악한다. 모의고사를 보면서 쉬워 보이는 지문을 찾아서 내 힘으로 풀어보고, 나머지 중에서는 아닌 답들을 지워낸 뒤 찍는 훈련을 한다. 이러면 맞을 확률이 올라가고, 운이 좋으면 수능 날 평소 실력 이상의 점수도 가능하다.

중위권

단어는 어느 정도 알 것이고 해석도 적절하게 할 줄 안다고 가정하겠다. 물론 해석하면서 엉뚱하게 갈 수는 있지만 아예 못하는 것보단 나을 것이다. 만약 본인이 듣기에서 장점이 있으면 갈고 닦는다. EBS 교재의 듣기를 들으면서 받아 적거나 내용을 실시간으로 한글로 쓰면서 문제 풀이를 하도록 한다.

해석하면서 주제는 확실하게 체크하고, 자기 나름대로 주제와 핵심 동사를 찾아가면서 문법적인 분석을 하는 훈련을 한다. 아주 정확히 할 필요는 없다. 우리말을 하면서 문법 생각 안 하듯, 몇 형식의 문장인지가 중요한 건 아니고, 해석을 위한 보조 수단이면 그만이다.

듣기는 학교나 학원에서 하는 수준으로만 하고 따로 시간을 내지는 마라. 단어는 조금 더 다지면서 독해 실력을 기르는 데 최선을 다한다. 단어 30%, 문법 15%, 듣기 10%, 독해 45% 정도의 비율로 공부한다.

상위권

최상위권과 약간의 수준 차이가 나지만, 듣기에 치명적인 약점이 있거나, 독해에서 약간 헤매거나, 지문을 제대로 읽지 못해 틀리는 경우가 있을 것이다. 그래도 아는 단어는 최상위권과 차이가 거의 없을 테니, 오류만 수정하면 금방 치고 올라갈 여력이 있다.

뚜렷한 약점이 있지만 개선하고 싶어도 방법을 모르는 경우가 많은데, 일단 내가 어떤 부분에서 약한지를 파악한다. 듣기에서 약점이 있다면 듣기를 집중적으로 향상시키자. 앞에서 언급한 대로 영어를 듣고 받아 적는 연습(딕테이션)을 하고, MP3로 길에서 듣고 다닌다면 단기간에 대폭 오를 수 있다.

독해가 약점이라면 기복이 심할 수도 있는데, 일단 주제를 파악하면서 세심하게 읽는 훈련을 한다. 주어와 동사를 찾는 훈련을 하고 문장마다 나눠 읽으면서 파악하는 연습을 한다.

자기가 약한 부분에 집중해야 하니 공부 비율은 사람마다 다를 것이다. 약점을 보완하면서 가끔 단어장에 모르는 단어를 써놓고, 문법도 완전 등한시하지 않도록 한다. 문법은 독해를 키우는 도구로서 활용하는 게 좋다.

최상위권

최상위권은 단어장 관리도 쉬울 것이다. 가끔 모르는 단어가 나오면 단어장에 옮겨 적고, 문법책은 가끔 보면서 애매한 것만 찾으면 된다. 독해가 중요한데, 문장을 분석하는 방법을 나름 잡고, 검사까지 할 수 있게 표시하면 좋다.

난 영어는 강점이 있다고 생각해 공부는 거의 안 했지만, 정작 중요한 수능에서 틀려버렸다. 예전 학력고사 시절에는 다 맞았지만, 수능에선 5회나 검증했음에도 틀렸다. 그만큼 검사는 어려운 과정이고, 나름 최선을 다해 체크했음에도 실수가 있었다.

대학에서 공부할 때도 원서를 읽을 일이 많고, 나중에 취직할 때도 영어 점수가 필요하니 기왕 하는 공부 제대로 하자는 마음으로 열심히 공부하자.

2006년 이후 수험생들은 사회, 과학, 직업 탐구 중 하나의 영역을 선택하는 상황이었으나, 2012년부터는 탐구 영역 중 세 과목만 택하는 것으로 줄었다. 이를 놓고 국사 과목에 대한 논란이 일었지만 여기서는 논외로 치고, 이 책에선 과학과 사회에 대해서 이야기해볼까 한다.

나는 나중에 점수를 올릴 수 있다는 다른 이들의 사례를 보고 그대로 따라했다가 참으로 큰 어려움을 겪었다. 어느 정도 기초가 있다고 믿은 게 초반 실수였다. 예전에 일반화학과 물리 같은 과목을 봤지만 그걸로 갈음하기엔 점수가 처참할 정도였다. 결국 새로 다시 봐야 하는 상황을 맞았다.

초반에 언어를 올리고 여름 이후에 탐구영역을 올릴 수 있다고 생각했지만 언어는 오르지 않은 채 과학은 3등급에서 5등급 사이를 헤매면서 계속 답답할 지경이었다. 9월 이후 과학의 비중을 대폭 늘려서 수능에서 백분위 99%가 나온 건 사실 기적이었다.

그런 기적을 낸 이유엔 기본개념을 이해하려 했다는 것이 가장 컸다. 당시 《에브라임》이나 《자이스토리》 같은 기본개념을 설명한 참고서를 읽으면서 개념을 이해하려 했고 EBS 역시 풀어봤다.

개인적으론 문제풀이는 개념을 정리하는 데 목적을 둬야지 그게 우선이 되면 모의고사나 학교시험은 대처가 가능할지 모르나 수능에선 고전할 것으로 생각된다. 그러므로 기본 개념을 자세히 이해하는 것에 목적을 두면 좋겠다.

사회 과목은 막판에 언어를 포기하면서 역시 등한시했다. 초기엔 나쁘지 않았지만 주력 과목도 아니었고, 결국 상위 7% 정도를 받았으니 다소 애매한 성적이었다. 예전에는 암기만 하면 다 맞았는데 수능으로 바뀌고 나서 신경을 덜 썼고 결과 역시 그 정도였던 듯하다.

모든 공부는 이해와 암기가 바탕이 되어야 한다. 비율만 조금씩 다를 뿐, 모두 다 갖춰야 한다. 탐구 영역의 과목들도 단기간에 성과를 내기에는 힘든 과목이라 할 수 있다.

전략과목의 선택 ┃┃┃

사회탐구영역 과목엔 윤리(윤리와 사상 + 전통윤리), 국사, 한국지리, 세계지리, 경제지리, 한국 근현대사, 세계사, 법과 사회, 정치, 경제, 사회문화 등 총 11과목이 있으며 2012년 이후부터 최대 3개 과목을 선택할 수 있다.

과학탐구영역 과목인 물리I, 화학I, 생물I, 지구과학I, 물리II, 화학II, 생물II, 지구과학II 중 최대 3과목 선택이 가능한데, 변표(변환표준점수)에 따른 점수 차이도 있으므로 우선은 내가 잘하는 걸 택하는 게 좋다.

각 과목의 연계도 변수다. 의료에서는 생물과 화학이 관련 깊고 물리와 화학 역시 겹치는 파트가 있다. 물리와 지구과학도 약간 관련은 있는데, 이과 과목에서는 화학이 가장 많이 겹치는 편이고 지구과학은 상대적으로 타 과목과 연계가 약하다. 연계된 과목을 고르면 한 과목을 보면서 다른 과목도 생각할 수 있어서 좋다. 과거에 비해 줄긴 했지만 여러 분야가 은근히 연계되어 나오는 문제도 풀 수 있기 때문이다.

점수가 잘 나오지 않는다고 해서 선택한 과목을 바꾸는 것은 현명하지 못하다. 일단 시간 낭비고 새롭게 택한 과목 역시 잘 본다고 장담할 수 없기 때문이다. 냉정하게 말하면 이해하지 못할 과목은 없다. 다른 과목으로 갈아탈 시간에 한 번이라도 더 봐라. 처음에 잘 정하고 그냥 꾸준하게 아는 걸 보는 게 낫다. 두 달 정도 한 과목을 공부하다가 갈아타는 건 좋지 못한 전략이다.

수험생들은 죽음의 트라이 앵글이니 뭐니 해서 억울하다 주장하지만 공부의 부담은 사실 과거에 비해서 많이 줄어들었다. 일단 수험생의 숫자가 대폭 줄었고 과목 역시 과거에 비해 적은 게 사실이다. 내신이 반영되는 수시제도와 각종 특례가 늘어서 과거에 비해 대학 가기 어렵지 않다.

이해가 잘되지 않고 너무너무 하기 싫은 과목이라면 어쩔 수 없이 바꾼다고 하지만 웬만하면 택한 과목을 끝까지 밀고 가는 게 좋다.

배경 지식이 있으면 좋다 ||||

과학이나 사회 모두 폭넓은 이해가 필요하다. 어릴 때부터 경제 신문을 많이 읽으면 경제에 강하고, 역사서에 관심이 있었으면 한국 사나 세계사에 능통하며, 의학을 생각했다면 생물이나 화학에 감이 좋을 수밖에 없다.

고교생도 마찬가지로 어려서부터 독서나 인터넷, 신문과 뉴스, 방송 및 다큐멘터리를 통해 습득하는 지식에 차이가 있고, 이것은 전반 적인 지식의 양과 비례한다.

과학은 실생활과 관련이 있기에 평소 주변에서 과학적 원리가 적용되는 사례를 보고 사고하는 방법이 필요하다. 수능 문제가 그런 식으로 물어보는 경우도 있기에 과학적 원리가 우리 생활에 어떻게 적용하는지를 평소에 고민한다면 문제에 좀 더 쉽게 접근할 수 있다.

사회도 마찬가지다. 역사나 지리, 경제에 관심을 둔다면 자연스럽게 알게 되고 흐름 역시 쉽게 파악할 수 있다. 확실치 않은 지식이라도 교과 과정에 맞춰서 사고하고 수정한다. 이렇게 하면 공부하기가 좀 편하다. 미리 공부해뒀으면 좋았겠지만 이제라도 새롭게 시작해야 한다.

개념에 대한 이해 ||||

과거엔 역사적 사건의 연도를 외워야 풀 수 있거나 교과서에 나온 문구를 살짝 바꿔서 맞는지 틀린지를 묻는 문제들이 많았다면 수능에서는 종합적인 사고와 실생활에 어느 정도 관련되는지 묻는 문제가 많으므로 개념에 대한 이해가 중요하다.

개념 학습은 탐구 과목에서 최소 절반 이상의 비율을 차지한다. 영어는 단어를 모르면 어렵고 수학은 공식을 모르면 풀기 난감하지만 탐구 과목 중 특히 사회는 어느 정도 상식만을 갖고 있으면 오답은 대략 제할 수 있다.

물론 특정 개념을 알고 있어야 하고 응용도 필요하나 아무것도 공부하지 않아도 다른 과목처럼 최악의 점수는 나오지 않는다. 이는 무실생활에 밀접한 관련이 있기 때문이다. 결국 무조건 외우는 것이 아니라 이해를 어느 정도 하고 얼마나 정확히 아느냐가 탐구 과목의 성패를 가르는 길이라 하겠다.

개념 이해를 위해서는 각종 강의나 수업, 개인 공부를 통해 정확하게 알려고 노력해야 한다. 편견을 버리고 시험에 맞춰서 생각하는 과정이 필요하다. 역사 과목이나 일반 상식은 교과서와 나의 견해가 다를 수 있지만 일단은 그런 것 다 잊고 맞춰주도록 하자.

문제풀이와 개념 ⅠⅠⅠ

머릿속으론 아는 것 같은데 문제를 보면 안 풀릴 때가 있다. 같은 개념을 다르게 응용하거나 색다른 방식으로 전환하는 문제가 그런데, 이런 문제를 풀어봐야 나의 것이 될 수 있다. 사회탐구는 아주 어려운 개념은 많지 않으므로 내용과 문제를 연계하면 좀 더 쉽게 각인된다.

지구과학이나 생물 역시 암기 부분이 많기에 문제 풀이에 바로 들어가도 된다. 문제 풀이와 개념 이해를 따로 하지 말고, 같이 병행하면서 가는 게 좀 더 이해의 폭을 넓히고 상보적으로 발전할 수 있는 방법이다.

단원별 문제를 풀면서 전체적인 개념을 이해하는 게 첫 단계이고, 모의고사를 풀어본 뒤 잘 모르는 부분을 체크하고, 나중에 메인 교재에 옮겨 적어 놓는 것을 그 다음 단계로 실행하면 반복 학습에 유리할 것이다.

나는 과학교재를 전혀 안 보고 모의고사에 들어갔고, 전국 50% 정도가 나왔다. 실제 실력은 그보다 낮았을 가능성도 충분히 있었다. 내가 찍기에 좀 강한 편인데, 생각보다 많이 맞았다.

과학탐구는 기본서와 EBS 교재 내용을 읽고 부속 문제들을 풀면서 개념을 잡아갔다. 이걸 반복해서 3회 정도 읽고 나니 대충 내가 생각한 틀이 잡혔다. 약간 성긴 느낌이었지만 횟수를 반복하면서 점점 내실 있어졌고, 쉽게 나온 모의고사에선 거의 다 맞는 수준까지 올라갔다.

약간 어렵게 나온 모의고사에서는 약점이 드러났지만 틀린 문제는 무조건 알 때까지 보면서 다 맞을 수 있다는 자신감이 생기기 시작했다.

사회탐구도 이런 식으로 접근하면 충분히 잘 봤을 것이라 생각한다. 그런데 나는 이과였고, 당시 내가 목표로 한 학교 중 언어와 사회까지 포함하는 총점을 반영하는 학교는 연세대 치과대학 하나였다. 경희대, 경원대(가천대) 한의대와 단국대 치대는 수리, 외국어, 과학만 반영하는 학교였기에 막판엔 이판사판으로 3과목만 집중해버렸다. 전략에 따라 사회탐구는 언어와 마찬가지로 등한시 해버렸다. 만약 언어를 잘했다면 사회탐구 역시 열심히 했을 것이고, 과학보다 더 잘 봤을 것이란 생각도 들지만 선택과 집중이란 작전에서 능력 부족으로 버린 과목이 되어버렸다.

당시엔 과학과 사회를 같은 시간에 봤는데 일부러 과학만 열심히 풀고 사회는 대충 봤던 것도 그런 이유에서였다. 이건 옛날 수능이고 나의 전략이었을 뿐, 일단 내용을 알고 문제를 통해 정리하면서 개념을 잡으라는 원칙만 독자분들은 챙기면 되겠다.

문제 풀이는 어떻게 정리해야 할까? | | |

초반에는 단원별로 이해력을 넓히는 문제집으로 보도록 한다. 한 단원을 보고 나면 내가 읽은 개념을 확실하게 정리하는 문제를 보도록 한다. 주교재는 계속 보도록 하고 어느 정도 정리되면 모의고사나 과거 기출문제를 보면서 새로운 형태를 접한다. 여기에서 틀린 것을 확실히 내 것으로 만드는 과정이 중요한데, 메인 교재에 덧붙이든지 오답노트에 정리하든지 방법이야 어쨌든 모르고 넘어가서는 곤란하다. 틀리는 건 또 틀릴 확률이 높으니 알고서 넘어가야 한다. 만약 모르는 문제가 나왔다면 새로운 것을 알 기회라 생각해야 하며 놓쳐서는 곤란하다.

시간이 많으면 직접 오답노트를 쓰고, 시간이 많지 않은 경우라면 오답노트보단 문제집 뒤편에 정리해서 붙이는 게 낫다.

난 6월 평가원 모의고사에서는 낮은 점수를 받았다가 개념이 전체적으로 정리된 후부터 점수가 올라가기 시작했다. 지금 점수가 안 나와도 괜찮다. 언어, 수리, 외국어에 비해서 확실히 치고 올라갈 여력이 많은 과목이 바로 탐구 영역이다. 점수에 일희일비하지 말고, 내 약점을 커버하는 기회로 삼자.

국사

교과서를 잘 알면 좋다. 국사는 전통적으로 교과서를 외워야 하는 과목이고, 난 실제로 그렇게 했었다. 교과서에 실린 문구가 그대로 나올 가능성도 있다.

국사는 각 시대별로 묶을 수 있고, 문화, 정치, 사회, 경제 같은 각각의 파트로도 통시적인 경향이 있기에 패턴이 다양하다.

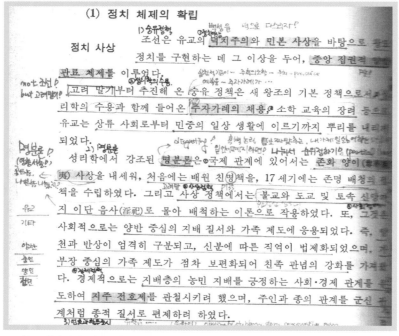

국사는 색깔과 문자로 정리했다

나는 암기를 위해 다양한 색의 형광펜을 준비했고, 이를 이용해 유일하게 제대로 교과서를 정리했다. 각 시대별로 형광펜의 색을 부여하고 칠했다. 과거사는 노란색, 삼국시대는 주황색, 통일신라는 보라색, 고려시대는 녹색, 조선시대는 파란색 형광펜을 썼고 분홍색은 좀 특이한 상황에 사용했다.

색을 섞어서 갈색 형광펜을 만들고 색연필도 써서 다소 비중이 적거나 특이한 경우에 표시를 해서 시각적으로 암기를 시도했다. 그런 덕분인지 국사 과목은 모의고사나 입시나 모두 성적이 잘 나왔다.

기출문제가 많기에 공부하긴 쉽지만 대신 구석에서 문제가 나올 가능성도 있으므로 꼼꼼하게 봐야 한다. 혹자는 게임과 접목해서 국사를 배운다고 하는데, 그렇게 해서 국사를 배울 가능성은 거의 없다.

한국 근현대사

양이 국사에 비해 적고 심화도도 얕은 편이다. 근대사는 아직 완전히 정립된 것이 아닌지라 논란의 여지도 있다. 때문에 논란의 여지가 있는 문제는 가급적 배제하고 나올 가능성이 크다.

국사에 비해 수월하지만 꼼꼼하게 외울 부분도 있으니 세심하게 정리한다. 분량이 국사에 비해 상대적으로 적은 관계로 자세하게 물어보므로 연대표를 하나 구한 뒤, 핵심교재에 붙이면 좋다.

세계사, 사회문화, 법과 사회, 세계지리, 경제지리

선택하는 학생이 적거나 새로운 과목은 전략적으로 생각해야 하는데, 만약 내 성적이 애매하다면 남들이 잘 선택하지 않는 과목을 택하는 것도 방법이다. 선택한 학생이 많으면 등급이 안정적이지만 좋은 표준점수를 받을 가능성도 적기에 아예 모험을 해보려면 남들이 잘 안 고르는 과목을 끝까지 파는 것이다. 생소한 과목은 같이 공부하는 이도 적을 것이므로 인터넷 강의를 이용하면서 강한 의지로 대박을 내겠단 각오가 필요하다.

윤리

윤리 과목엔 철학 부분이 반영되었는데, 이걸 정리하는 게 처음엔 어렵지만 일단 틀만 잡히면 이만큼 확실한 과목도 없다. 동서양 사상과 이데올로기 파트는 크게 이성과 감성이란 부분으로 나눠버리고, 거기에서 예외적인 것을 찾아서 기억하면 편하다. 일단 흐름을 잡고 동시대의 사상과 통시적인 관점의 두 가지로 정리를 해놓으면 나중엔 별 무리 없이 접근할 수 있다. 이 사상이 어떤 이유로 생겼고 무슨 이야기를 했으며 어떻게 진행되다가 바뀌었는지를 파악하면 된다.

한국지리

나는 한국지리를 어쩔 수 없이 선택했는데 좀 지엽적인 과목이다. 인문계지만 과학이 요구되고, 지구과학과 어느 정도 겹치는 부분도 있으며 외울 것도 많고 분량이 방대하다.

선택하는 학생이 많고 학교에서도 가르치기 편해 한국지리를 많이 선택했으나 은근히 잘 틀리던 과목이 한국지리였다.

지형에 대해서 세부적으로 이해하고 날씨와 환경에 대해 생각해본다. 일단 자연과학적인 원리를 근본으로 깔고 사람의 움직임과 인문학적인 지리에 대해 연구하자.

경제

문과에서 수학과 연계가 되는 과목이다. 금융권 진출 희망자들은 맛보기 과목으로 이용할 수 있지만 대부분은 원치 않는 과목이다. 나는 경제 과목을 입시에서 본 적은 없지만 관심이 많다. 어른들이라면 경제신문을 보고, 실제 투자도 하므로 관심을 갖게 될 수밖에 없다.

실제 경제에서 쓰이는 수학은 그리 고차원적인 것이 아니다. 투자 관련 예측 프로그래밍을 하는 경우라면 좀 다를 수는 있지만 고교 레벨에선 그다지 어려운 수학은 없다. 조금 천천히 들여다보면 답을 찾을 수 있고 현실과 연계되며 그리 지엽적이지 않은 편이다. 윤리와 더불어서 맥을 뚫으면 실제 외울 부분은 적다. 그래프만 잘 보고 이해한다면 좋은 결과가 나올 과목이다.

정치

정치에 대해 관심이 많아지는 시기이기에 그리 어렵진 않다 생각되고 학생들에게 익숙한 개념들이 많다. 교과 과정에 맞게 정확하게 개념을 파악하는 것이 필요하다.

과학탐구 영역 과목 선택의 팁 ㅣㅣㅣ

과학탐구는 2012년부터는 세 과목을 고르고, 2014년부터는 둘로 줄어들 계획이므로 부담은 갈수록 덜해진다. 하지만 그만큼 실수를 줄여야 한다는 점은 고민거리이다.

❶ 지망 대학의 전형을 고려한다.

내가 지망하는 학교에서 어떤 전형으로 어느 비율을 반영하는 지 알아본다. 일단 학교나 학과 중 몇을 골라놓고 시험을 준비하는 게 좋다. 점수가 정말 안 나오는 경우에는 내가 언어를 반쯤 버리고 집중했던 것처럼 극단적인 방법으로 가야 하지만 일단 지망 학교를 느슨하게 잡고, 가변적으로 대응하면서 시험을 잘 보도록 노력한다.

❷ 각 과목의 연계성을 고려한다.

물리I과 물리II처럼 같은 이름의 과목은 당연히 연계가 깊다. 그것 말고도 다른 과목과 비슷한 부분이 있는데, 물리-지구과학, 물리-화학, 화학-생물이 바로 그렇다. 세 과목을 택한다면 상대적으로 비슷해 공부하면서 생각의 깊이를 더할 수 있고 투자 시간을 줄일 수 있어 연계 과목들로 택하는 게 좋다. 이런 과정에서 아무래도 지구과학이 소외되는 듯하다.

❸ 적성에 맞는 과목과 점수가 잘 나올 과목 중 선택.

적성에도 맞고 점수도 잘 나오면 금상첨화지만, 누구나 다 그럴 수 있는 건 아니다. 수험생 중 일부는 점수는 잘 안 나오지만 학문에 대한 호기심이나 대학 가서 공부할 과목의 선수 과목으로 생각해 과목을 택하는데, 그럴 필요는 없다.

수능 시험은 일단 점수가 잘 나와야 할 뿐, 그 이상을 바랄 필요는 없다. 대학에서 볼 과목은 어차피 대학에서 하면 된다. 게다가 먼저 공부했다고 학점이 좋은 게 아니다.

비슷한 내용의 화학을 인생에서 여섯 번 정도 공부했던 나의 사례를 들겠다. 고3 시절, 화학은 별로 좋아하질 않았으나 입시 때문에 어쩔 수 없이 공부했고 당시 물리와 화학을 택했다. 그때 공부 잘하는 학생들은 물리와 화학을 고른다는 말에 현혹된 결과였는데 어쨌든 둘 다 만점은 받았다. 대학에 입학한 뒤에는 '일반화학'을 했는데 학점은 C였고 군 제대 후 학점을 올리려고 재수강을 했지만 또 C가 나왔다. 못해서가 아니라 건축과 별 관련 없는 과목들에 머리를 쓰기 싫어서였다. 재미있게도 입시 때 화학을 택하지도 않았던 학생들이 오히려 좋은 성적이 나왔다. 의대 편입할 때 네 번째로 화학을 공부하다가 기간이 짧아 영어 위주로 입학할 수 있는 학교만 노리면서 관뒀다. 다섯 번째는 수능 준비하면서였는데, 당시엔 물리I, 화학I, 생물I, 지학I에 사탐 과목도 해야 했고, 선택으로 화학II를 공부했는데, 과탐은 잘 나왔다. 과학 과목이 백분위 99%였으니까 1% 안쪽이 나온 것이다. 여섯 번째는 한의대 입학 후 들었던 일반화학인데, 역시 잘하진 않았다.

이런 이야기를 하는 이유는 미리 공부해봤자 학점 잘 나오는 것도 아니란 걸 말하기 위해서다. 사람은 다급하면 다 해결되고, 대학가서 할 공부는 그때 해도 늦지 않다. 수능에서 잘 볼 수 있는 과목을 택하는 게 현명하다.

❹ 나에게 편하고 성적이 오를 것이라 생각되는 과목을 택한다.
선택과목은 전략이다. 점수가 잘 나올 과목이 우선이고, 그 다음에 나에게 맞는 걸 택한다.

과학탐구 영역 과목별 학습법 ||||

모든 과목에 해당하는 말이지만 과거 수능 기출 문제들을 보면서 경향성과 스타일을 파악하는 게 좋다. 수험생들에겐 수능문제를 보는 것과 그렇지 않은 것의 차이가 크기 때문이다.

과학탐구 과목 오답노트는 상위권이라면 만들어도 무방하지만 틀리는 게 많은 이들은 노트를 작성하다가 지치므로 메인 교재에 표기하면서 탄력적으로 운영하는 게 좋겠다.

화학

기본 용어와 개념을 이해하는 게 중요하다. 처음엔 외울 게 많은 것 같지만 공부를 다 하고 나면 서로 연계되는 부분이 많다. 고교 과정에선 서로 딱딱 들어맞는 것들이 대부분이다.

원소 기호나 화학식 같이 외워야 할 것들은 확실하게 외워야겠지만, 이해만 해도 충분한 부분을 외우려고 하면 머리만 복잡해지고 응용문제에 대처하기 어렵게 된다.

실험이나 관찰, 그리고 우리의 일상생활과 연계해서 이해한다면 응용문제 대처도 가능하고 편하게 느껴진다. 교재에 있는 그래프나 도표는 이해해야 한다. 그래프를 응용해서 나오는 문제에 대처해야 하기 때문이다.

물리

과학 과목 중 가장 어렵게 느껴지나 외울 부분이 적고 복습하면 가장 가볍게 정리되는 과목이다.

중요한 건 개념을 정리하고 간단한 공식은 외우면서 과정을 이해하는 것이다. 개념 이해는 모든 과목 다 중요한데, 물리는 그래프나 표 같은 자료를 얼마나 제대로 알고 있는지를 중요하게 본다. 최근 기본 개념의 이해를 바탕으로 풀어야 하는 문제들이 주로 나오므로 반드시 기초를 쌓아야 한다.

위에서 언급했듯 과거 기출 문제들을 알아야 한다. 특히 처음에는 조금 어렵게 느껴지나 한 번 이해하면 편한 개념인 힘의 법칙, 상대

속도, 빛의 움직임 같은 건 확실하게 이해하도록 한다. 이해하는 과정이 재미없다면 물리를 택하지 않는 게 좋다.

생물

암기 과목처럼 보이지만 그래프와 자료를 해석하는 능력 역시 간과할 수 없다. 수학에 강한 사람들은 물리나 화학을 택하는 것이 낫고 언어가 강한 편이라면 생물을 선택하는 것이 어떨까 싶다. 생물은 말을 꼬았다는 느낌이 들고 문장을 잘못 읽으면 틀릴 가능성이 높은 과목이기에 덤벙대거나 수리에 강한 이들은 물리나 화학 쪽이 낫다고 보는 것이다.

의료관련 학과로 진학하기 위해 생물을 미리 듣겠다는 생각을 하기도 하지만, 점수 잘 나올 과목을 택하는 게 옳다.

생물은 자료나 그래프를 잘 해석하고, 문제를 잘 읽으면서 방대한 암기를 해야 하는 과목이다. 물리나 화학은 각 파트가 서로 연계되면서 하나로 묶기 쉬운데 생물은 생식, 유전, 생태, 순환, 호르몬 등 다양한 파트로 딱딱 나뉘면서 암기양이 많아지니 처음엔 쉬워 보이지만 갈수록 부담이 될 수도 있다.

지구과학

약간 모험을 해보고 싶은 사람에게 나쁘지 않은 과목이다. 응시인원이 적은 편이기에 표준점수가 유리할 수도, 불리할 수도 있다.

시사적인 문제들이 나오기도 하고 과학 과목답게 그림과 그래프,

표 같은 자료를 해석하는 능력이 중요하다.

지구과학은 공간에 대한 이해가 필요하다. 공간 감각이 있는 학생이 대박 역전 드라마를 기대하는 경우 택할 만하다. 다른 과목에 비해 양이 적은 편이긴 한데, 만점은 받기 어렵다는 평가가 많으므로 잘할수록 두드러지기도 쉽다.

우선 개념은 확실하게 하고 계산 문제 역시 풀 수 있도록 대비하면서 응용되는 시사적인 문제는 기초 개념에 기반을 두고 풀도록 하자.

수험생의 건강

● 수험생의 뇌세포 활동을 돕는 영양소

❶ 레시틴 : 기억력 강화

레시틴은 뇌세포나 신경세포를 구성하는 주요 인자로서, 필수지방산과 인, 콜린, 이노시톨이 결합된 복합물질이다. 여기서 콜린이란 성분이 아세틸콜린이라는 신경전달물질을 늘려 뇌세포에 활력을 줌으로써 기능을 높이고 뇌의 노화를 막기 때문에, 레시틴을 충분히 섭취하면 기억력과 학습능력을 증대시킬 수 있다.

레시틴은 수분을 제외하고 두뇌 성분의 약 30%를 차지하는 물질이다. 이는 우리가 꾸준히 음식물로 레시틴을 섭취해야 한다는 것을 의미한다. 레시틴을 많이 함유하고 있는 음식물로는 달걀노른자, 콩, 동물의 간, 호두, 땅콩, 참깨, 잣, 호박씨 등이 있다.

❷ 칼슘과 마그네슘 : 숙면을 도와 집중력과 기억력 강화

여러 가지 영양소 중, 수면에 가장 큰 영향을 주는 것은 칼슘이다. 칼슘은 뇌세포를 진정시켜 숙면을 취하게 하고, 정서적으로 안정될 수 있도록 돕는다.

수험생들은 각종 육체적, 정신적 스트레스를 꾸준히 받게 되는데,

이렇게 스트레스를 받으면 인체에는 젖산이 쌓이게 된다. 이 젖산은 잠을 돕는 성분인 칼슘의 작용을 약하게 하거나, 수면 호르몬인 멜라토닌의 분비를 방해하여 뇌의 기능이 제대로 작동할 수 없게 만든다. 수험생들이 낮에 공부한 내용들은 밤에 잠을 자면서 뇌에 저장되는데, 숙면을 취하지 못하면 이 저장기능이 원활히 작용하지 못해 학습 효과가 저하되는 것이다.

따라서 숙면을 취하기 위해서는 충분한 칼슘이 필요하다. 또한 마그네슘은 칼슘의 흡수를 돕는 역할을 하므로 함께 섭취하는 것이 좋다. 반대로 사이다나 콜라 등의 탄산음료는 칼슘의 섭취를 방해하므로 삼가야 한다.

칼슘을 함유하고 있는 음식물로는 멸치, 뱅어포, 미역, 깨, 우유, 콩 등이 있으며, 마그네슘은 채소나 견과류, 조개류에 풍부하게 들어 있다.

❸ 비타민 B : 브레인 비타민

비타민 B는 뇌 활동에 중요한 역할을 하는 성분으로서 신경체계를 건강하게 해준다. 또 비타민 B1(티아민), B2(리보플라빈), B3(나이아신), B6(피리독신), B9(엽산), B12(시아노코발라민)은 신경전달 물질을 만드는 데 꼭 필요한 영양소다.

그중에서 가장 중요한 영양소는 비타민 B1이다. 비타민 B1은 탄수화물을 포도당으로 분해해 에너지원으로 만드는 필수 성분인데, 뇌는 이 포도당만을 에너지원으로 사용한다. 비타민 B6, B9, B12 등도 집중력과 기억력 등의 신경기능을 유지하는 데 필요한 필수성분이다.

이처럼 비타민 B는 뇌의 발달과 정상적인 두뇌기능을 유지하는데 꼭 필요하다. 뇌의 학습능력을 높이기 위해선 뇌 속에 세로토닌을 충분히 만들어내야 하며, 세로토닌이 활성화되도록 도와주는 것 또한 비타민 B다. 따라서 비타민 B가 부족하면 집중력과 학습력이 떨어지게 된다.

비타민 B가 풍부한 음식으로는 현미, 쌀눈, 효소, 콩, 토마토, 감자, 쑥, 샐러리, 정어리, 돼지고기, 참깨, 땅콩, 우엉, 해조류 등이 있다.

❹ 비타민 B3 : 기억력 향상

수험생들에게 가장 큰 효과를 발휘할 수 있는 건 비타민 B3다. 나이아신이라 불리기도 하는 비타민 B3가 모자라면 식욕감퇴, 피로, 우울함, 초조감, 정서불안 등이 나타나고 건망증, 불면증, 신경증 등이 올 수도 있기 때문이다.

좀 더 깊은 이야기를 해보자. B3는 미토콘드리아 내에서 에너지 대사 자극제로 이용되며 기억력 향상에 가장 큰 역할을 담당한다. 수험생에겐 꽤 유용하고 단기기억이나 장기기억 모두에 도움이 되며 나이에 상관없이 효과를 발휘한다.

최근엔 인체에 대한 활성산소의 문제점이 많이 언급된다. 비타민 B3는 활성산소를 줄여 노화나 치매에 효과가 있다고 하는데, 하지만 과유불급이라는 말처럼 과용량을 복용하면 간에 부담이 되니 매일 125mg 정도가 적당하다고 이야기되고 있다.

❺ 비타민 C : 스트레스 해소와 피로 회복

비타민 C는 각종 스트레스, 피로 회복에 꼭 필요한 비타민이다.
또한 철분 흡수를 도와 빈혈을 예방하는 효과도 있으며, 혈액순환을
원활하게 하여 뇌혈관을 튼튼하게 해준다. 따라서 스트레스에 지친
수험생에게 꼭 필요한 영양소라 할 수 있다.

비타민 C가 부족하면 두뇌 활동에 악영향을 미친다. 비타민 C를
많이 함유하고 있는 식품은 귤, 오렌지, 레몬, 딸기, 양배추, 브로콜
리, 감, 토마토, 당근, 고구마 등의 각종 신선한 야채와 과일이다.

❻ 비타민 E : 뇌세포 노화 방지

비타민 E는 지용성 비타민으로, 세포 노화를 막는 항산화물질이
다. 여러 세포 내에서와 마찬가지로 뇌세포 내의 노폐물을 제거하고,
산화적인 뇌세포의 손상을 억제할 뿐만 아니라 정상적인 신경계의
기능에도 중요한 역할을 하여 두뇌의 노화를 방지한다.

비타민 E가 풍부한 식품으로는 식물성 기름(올리브유, 참기름, 들기
름 등), 생선류(고등어, 참치 등), 현미, 옥수수, 콩류 등이 있다.

❼ DHA, EPA : 두뇌기능 강화

불포화 지방산(오메가3 지방산)의 일종인 DHA와 EPA는 두뇌기능
을 강화시키는 대표적인 영양소로서, 콜레스테롤 저하 및 뇌기능 촉
진 등에 효과가 있어 기억력을 증진시키고 두뇌활동이 민첩하게 이
루어지도록 돕는다. 음식물을 통해 섭취해야 하며 고등어, 꽁치, 정

어리, 참치 등의 등 푸른 생선에 많이 포함되어 있다.

● 수험생이 먹는 보조제

나는 고3 때 종합비타민제와 한약을 먹었다. 당시에는 의료적인 지식이 별로 없었고, 수험 생활 중이니 이 정도는 먹어줘야 한다는 생각에 먹었다. 한의사 시험 때엔 좀 더 괜찮은 종합비타민제와 내가 만든 한약을 먹었는데 사실 합격률이 높은 시험이기에 약의 효과를 봤다고 말할 수는 없을 듯하다.

홍삼은 성격이 급하거나 열이 많은 사람은 안 먹는 게 좋다. 오히려 그런 성향을 더욱 가속화해 잠이 잘 안 오게 하거나 심장 박동을 빠르게 하기 때문이다. 홍삼은 만병통치약이 아니라 사람 컨디션에 맞게 써야 하는 약이다. 나는 소양인 체질이라 홍삼과 인삼은 피해야 할 약재다. 나와 비슷한 체질의 사람들도 마찬가지다.

종합비타민 제품은 가격별로 차이가 큰데, 화학제품에 가까운 합성비타민에 대한 이런저런 이야기들이 있다. 비타민 제품을 섭취해야 하는지도 논란거리인 상황에서 화학제품 역시 문제가 되므로, 그나마 논란이 덜한 제품을 먹는 게 낫다고 본다.

세로토닌을 비롯해 다양한 미량 원소에 대한 이야기가 있지만, 굳이 세세하게 하나하나 따진다고 점수가 대폭 오를 리 없으므로 마음 편히 종합비타민을 복용하거나 신선한 채소와 과일을 골고루 먹는 게 기억력 향상에 도움을 줄 수 있을 것이다.

● 수험생이 먹는 한약

한약에는 집중력에 도움이 되는 처방이 있는데 각자 체질과 증상에 맞게 지으면 큰 도움이 된다. 괜히 아무것이나 한의사가 아닌 이에게 지어 먹었다가 큰일 날 수도 있다는 점은 명심해야 한다.

세상의 모든 것엔 독성이 있다. 외부의 유기물을 섭취하는 과정에서 간이나 신장이 그것을 해독하는 일을 담당하는데, 우리가 먹는 밥에도 독성이 있다. 한약이나 양약 모두 마찬가지다.

한약의 간독성 이야기가 나오지만 미국에서 급성 간부전 1위는 두통약의 주성분인 아세트아미노펜이다. 한약은 한의사가 간독성을 우려할 약재를 일부러 섞지 않는 이상 두통약보다 간독성이 심하지 않다. 나는 독한 약을 거의 안 쓰고, 그게 필요한 경우 환자에게 반드시 이야기하는 스타일인데, 그래서인지 약을 드시고 문제를 삼는 경우가 올해 딱 한 차례밖에 없었다. 설사가 난다면서 물어보신 경우였는데 그것도 실제론 회를 잘못 드신 탓이었다.

대사가 저하된 학생에겐 항진시키면서 집중력을 올리고, 피로한 학생에겐 활력을 주는 방식으로 처방이 가능한데, 이는 개별적인 진단을 통해 내려야지 일률적으로 소급할 수 없는 부분이므로 한의사의 진단을 받고 한약을 먹는 게 좋다.

Part 3

수능
D-100

원서접수 시작 01

　정시 입학은 교육청이나 고교에서 접수를 하면 되고 별로 어려운 절차는 아니다. 그래도 이제 얼마 남지 않았다고 자각한 뒤 마음을 다잡는 계기로 삼자. 나는 원서를 쓴 뒤 불타올랐고, 미친 듯이 공부했다. 발등에 불이 떨어졌다 생각했으니까.

　최근 수시모집 인원이 절반을 넘어가고 있다. 수능 한 번으로 학생의 잠재력을 알 수 없다는 이유로 논술, 면접 등 다양한 전형요소를 반영해 우수 학생을 확보한다는 것이 표면적인 이유다. 지극히 개인적인 생각이지만, 고등학생들 면접을 봐봤자 거기서 거기이고, 내신 등 학생부 성적은 성실도의 반영일 뿐이다. 다소 피동적이고 순응하는 스타일이 각광받는 듯한 인상이지만, 추세가 그러니 따라야 하지 않을까 싶다.

일단 수험생의 입장에선 내 수능 수준을 알고 냉정하게 지원해야 한다. 모의고사와 한국교육과정평가원의 성적 그리고 남은 기간 동안 얼마나 점수가 오를 수 있을지를 종합적으로 판단한 뒤 원서를 내야 한다. 수시에 합격해놓고도 '수능최저학력' 미달로 떨어지는 일이 존재하기 때문이다.

복잡한 제도의 장단점은? | | |

수시모집은 선발하는 시기와 방법이 다양하며 일단 현재는 지원 횟수 제한이 없기에 정시모집과 다르다. 이런 이유로 소신 지원보다는 과감한 배짱 지원이 많은데, 일단 자신에게 가장 유리한 전형과 방법을 파악한 뒤, 그에 맞춰 성적을 유지하는 것이 필요하다.

수시에 합격하면 정시지원이 불가능한 만큼 신중한 선택을 해야 한다. 내신 성적 등의 학생부 성적이 모의고사보다 잘 나오는 경우는 수시가 유리하고, 모의고사가 더 좋으면 정시 지원이 더 낫다.

수시모집에 지원하는 수험생은 여러 가지를 알아야 한다. 표준점수, 백분위 활용 여부, 수능 영역별 반영비율 가점이나 감점, 학생부 반영 점수 등을 파악한 후 배치표를 고려해 자신의 점수를 고려해 지원해야 한다. 여기에 더불어서 대학 간에 같은 일자에 시험일이 겹치면 포기하는 학생들도 나오므로 표면과 실제 경쟁률이 다를 수 있다. 너무 복잡한 전형이기에 학교나 학원의 도움을 받거나 주변 분들의 조언을 듣자.

중요한 건 이런 과정에서 너무 힘을 빼면 공부에 지장이 생기고, 들뜬 마음에 공부를 등한시하면 결과가 안 좋을 수 있으므로 정신 똑바로 차리고 본분에 매진해야 한다.

입학사정관 전형 ⅠⅠⅠ

입학사정관 전형은 생활 기록부, 수능 시험, 대학별 고사 등 성적 위주의 획일적인 특성으로 잠재력과 소질이 뛰어난 학생을 고르기 힘들기에, 대학의 학생 선발 권한을 확대하고 자율적으로 인재를 뽑는다는 모토를 갖고 있다.

하지만 도시 아이가 편법으로 시골의 비닐하우스에 주소를 이전해 농어촌 특례 혜택을 입었다는 보도가 나오는 등 사회적으로 문제가 될 법한 소지가 있다.

입학사정관 전형은 학업성취도, 인성, 봉사성, 리더로서의 자질, 잠재력 등을 종합적으로 따지며 대학별로, 전형별로 평가하는 비중이나 선발하는 인재상도 다르다. 정말 객관적으로 뽑는 것인지 솔직히 알 수도 없으며 입학사정관의 역할 역시 학교마다 다르므로 너무 여기에 열중하거나, 떨어지더라도 실망하지 말길 바란다.

개인적으론 제도가 너무 복잡하고 틈이 있기에 이런 제도를 그리 선호하진 않고 이 책을 통해 알려줄 수 있는 것도 별로 없다. 이 제도만을 목적으로 하기엔 그리 뚜렷한 합격 기준이 있는 것도 아닌지라 큰 기대를 갖지 않는 게 좋겠다. 그나마 서울대, 연세대, 고려대, 서강대, 한양대 같은 곳은 학업성취도를 높게 보고 교과 관련 활동도 눈여겨본다고 하니 각 대학별로 정리된 전형을 보고, 학생회 임원이나 외부 활동에서 성취가 많은 수험생 중에서 문을 두들기는 건 나쁘지 않지만 100일 정도 남은 현 시점에서는 일단 다른 제도에 집중하는 게 좋겠다.

　모의고사는 중요한 훈련이다. 운동선수들은 연습 경기를 거의 실전과 비슷하게 할 때가 많은데, 모의고사도 마찬가지로 그런 자세를 가져야 한다. 모의고사의 횟수보다 중요한 건 모의고사를 수능이라 생각하고 열심히 푸는 자세다. '다음에 잘하면 되지'라는 생각을 갖는 경우는 문제다.

　사람의 생각은 의식을 지배하는데, 이렇게 안일하게 접근하는 경우 피로를 더 쉽게 느끼고, 결국 중요한 수능에도 영향을 미치기 때문이다. 긴장된 자세, 실전이라는 생각으로 접근하는 게 맞다.

　찍는 걸 두려워하지 마라. 어쨌든 맞아야 한다고 보면 무슨 수를 쓰더라도 해법을 찾아 봐라. 수학은 정 풀리지 않는다면 비율을 생각하거나, 시간이 남으면 원시적으로 다 써보거나, 각도를 적당히 재는 등 무슨 수를 쓰더라도 답을 찾아라. 답이 애매하면 최소한 전혀 아닌 답을 제거하고 찍는 훈련이라도 하는 게 낫다.

그림이 들어간 수학 문제는 최소 한두 개의 객관식은 배제할 수 있다. 이런 훈련을 통해 찍어도 답을 맞힐 확률이 높아진다.

이것 아는가? 상위권은 찍어도 맞을 확률이 무조건 쓰는 사람들보다 높다는 사실을? 답을 찾는 훈련을 하고, 개연성을 갖고 접근하거나, 아닌 것은 제거하고 찍기에 맞힐 확률이 훨씬 더 높아진다.

시간 배분 훈련 ▎▎▎

모의고사를 통해 시간 배분 훈련이 가능하다. 미안한 이야기이지만 친구들과 쉬는 시간에 떠들고 시험 끝나고 게임하려는 자세는 버리는 게 좋다. 너무 잔인한지는 모르겠지만, 친구란 존재는 영원하지 않을 때가 많다. 사람이란 미래가 어떻게 달라질지도 모르고, 친구도 나중에 세월이 지나면 연락이 안 될 때가 많으며, 성인들의 인간관계는 피상적이고 이익을 도모하는 목적으로 뭉치는 경우가 많기 때문이다.

말이 길었지만, 결론은 이거다. 공부할 때 공부하고, 모의고사는 수능과 비슷하게 준비하는 게 최선이란 말이다. 컨디션이 안 좋아도 열심히 봐라. 수능 시험 날 컨디션이 어떨지 알 수 없고, 수능뿐 아니라 살면서 몇 차례 찾아올 기회에서 쉽게 포기하지 않는 훈련이 될 것이다.

문제가 어려울 수도 있고 쉬울 수도 있으며 시험 중 매미 소리가 들릴 수도 있고 복통이 날 수도 있다. 시간이 부족하면 그 긴박한 상황에서 해결하는 방법을 찾아야 한다.

프로야구 팀의 후보는 항상 기회를 기다리는 입장이다. 기회는 자주 오지 않으며, 준비한 이에게 열릴 가능성이 조금 더 있는 것뿐이다. 그래도 선수들은 그 순간을 위하여 훈련을 거듭한다. 수능시험 날 몇 문제 차이로 많은 결과가 달라진다는 점을 고려한다면 체계적인 훈련과 연습은 분명 필요하다.

평가원 모의고사는 반드시 숙지하자 ⅠⅠⅠ

지극히 개인적인 생각이지만 내신을 잘하는 건 성실성, 수능을 잘 보는 건 창의성을 반영하는 것이 아닐까 한다. 내신을 잘 보지만 수능을 망친 경우가 사설 모의고사나 평가원 모의고사를 잘 보다가 수능에서 망치는 경우보다 더 많은 편인데, 모의고사는 조금 더 수능 쪽에 가깝기 때문이라 할 수 있다.

모의고사와 수능은 문제의 경향이 다르다. 내신을 잘한다고 해서 대학 수능을 잘 보는 것도 아니다. 좋은 방법은 과거 수능 기출문제를 숙지하고 평가원 모의고사 문제를 아는 것이다.

평가원 모의고사는 그해 수능의 경향성을 어느 정도 짐작하게 해주며 수능의 방향을 제시하는 가이드라인이라 할 수 있다. 단기간에 공부할 때는 과거 수능 문제를 분석하고 평가원 모의고사를 반드시 파악해야 한다. 나는 과거 수능 문제 분석을 제대로 하지 못했다. 그래서 어쩔 수 없이 내가 봤던 평가원 모의고사와 사설 모의고사 내용을 숙지했는데, 부족한 시간상 어쩔 수 없는 전략이었다. 수능은 나이 30세에 처음 보았다. 과거 수능 문제를 잘 알아야 한다고 하기에 그나마 3년 전 문제까지 풀어보았다. 난 6월과 9월에 봤던 평가원 모의고사에서 두 번 다 통합 3등급, 전국으론 약 15% 내외를 기록했는데, 거기에 좌절하지 않고 잘 모르는 문제는 숙지하면서 내 약점을 보완했다.

내신과 수능은 다르다. 사설 모의고사와 수능은 그보다는 비슷할 것이고, 평가원 시험은 그해의 수능과 관련성이 분명 있다. 과거 수능 기출문제 역시 현재 수능과 무관할 수 없기에 일단 수능을 잘 보려면 기출문제와 평가원 모의고사는 반드시 숙지해야 한다.

내신이나 모의고사 성적이 낮아도 좌절하지 말자 | | |

모의고사 상위 10%가 0.1%로 들어가는 건 거의 불가능한 일이겠지만 10%가 5% 이내로 들어가는 건 가능하다. 당일 시험에서 컨디션, 운, 심리 상태 등의 변수에 따라서 결과는 달라질 수 있기 때문이다.

수능은 모의고사와 많이 다르다. 일단 새로운 사람들과 낯선 환경에서 시험을 보고, 날씨도 추운 계절이며, 당일 컨디션이나 찍은 문제에 따라서 결과가 많이 달라진다. 또 심리 상태도 큰 변수다.

게다가 많은 사람들이 이야기하는 부분이지만 교수 위주인 출제위원들이 내는 문제와 학원의 모의고사 문제는 다르다. 교수들은 평소에 모의고사 문제를 볼 이유도 없고 강의나 연구 혹은 개인의 사생활에 임하다가 출제위원이 되어서야 수능 출제를 고민하므로 학원 문제와는 다를 수밖에 없다. 그나마 가이드라인을 잡아주는 평가원 문제나 과거 기출문제만이 그분들의 성향을 파악할 수 있는 자료이니 꼭 숙지하고 모의고사 점수가 기대만큼 나오지 않더라도 희망을 갖자.

나처럼 이전에 틀린 내용을 죽어라 파악하고 내 것으로 만든 뒤 실전에 가서 쫄지 말고 문제를 보면 그만이다.

모의고사는 얼마나 자주 볼까? | | |

모의고사는 내 실력을 체크하고 약점을 보완하는 도구로 보면 된다. 기회가 있을 때마다 보는 것도 나쁘지 않다. 실전과 비슷한 환경에서 찍어서라도 문제의 답을 찾는 훈련을 해보고, 문제지에서 답안지로 옮기는 과정 역시 연습해본다. 만약 모르는 게 있으면 문제지에 체크를 하면서 풀어가고, 나중에 애매한 부분을 숙지하고 넘어가면 약점을 보완할 수 있다.

혹자는 찍어서 맞는 걸 부끄러워해야 한다고 말하지만 전혀 그럴 거 없다. 찍어서 맞히는 것도 맞은 것이고 실수로 틀려도 틀린 것이다. 무조건 연필을 굴리라는 게 아니라, 답이 될 법한 것을 찾는 것도 훈련이다. 모르는 것은 나중에 내 것으로 숙지하면 되니까.

난 모의고사를 보면서 잘 모르는 부분을 과감하게 표시했다. 입시 초반엔 워낙 아는 것이 없었기에 과학은 절반 정도가 오답노트에 해당하는 문제였다. 그걸 노트에 정리하는 자체가 부담인지라, 따로 정리하지 않고 체크한 부분을 다시 보면서 부족하면 내용을 적었고, 머리가 복잡하거나 멍할 때 누워서 읽기만 했다. 아니면 식사 중 볼 때도 있었다. 머리가 맑은 상황에서는 어려운 부분을 공부했고 컨디션이 안 좋거나 자기 전에는 다시 한 번 체크하는 부분을 봤다.

나는 모의고사를 오답노트나 약점 보완의 수단으로 썼다. 이렇게 하면 무슨 일이 있더라도 내 것이 될 수밖에 없으니 일석이조였다. 모의고사에 대한 나의 접근법을 모두에게 추천하긴 어렵겠지만, 최소한 모의고사는 실전에 대한 연습, 긴급 혹은 돌발 상황에 대한 대처 훈련, 모르는 것에 대한 확인 등에 다양하게 쓰이는 좋은 기회다.

실력이 좋은 수험생은 실전에 대한 훈련으로 접근하면 좋겠고, 입시를 처음 준비하던 나처럼 약점이 많은 경우에는 모의고사 문제를 보면서 내용을 하나씩 챙기는 것도 괜찮은 전략이다.

나는 모의고사에서 대부분 전국 10% 밖에 머물렀는데, 목표는 아주 높았지만 너무 거리가 멀었다. 하지만 좌절하지 않고 틀린 부분은 무조건 내 것으로 만들겠다고 생각한 덕분에 역전타를 날렸다. 만약 틀린 문제를 다시 보지 않고 방치한다면 모의고사를 자주 보는 건 시간낭비일 뿐이다. 모의고사의 효용성은 실전에 가까운 훈련, 그리고 틀린 문제를 다시 체크하는 것에 있다.

모의고사의 의미는 훈련이다. 모의고사 전국 1등을 해봤자 입시 날 시험을 망치면 아무 소용없다.

문제를 푸는 순서 | | |

보통 언어, 수리, 외국어 중 자신이 약한 부분에서 시간 부족을 호소한다. 나는 언어에서 그랬고, 그 시간에 헤매고 난 뒤 다른 과목을 잘못 볼까 봐 마인드컨트롤을 했다. 언어가 쉬운 학생이 외국어가 딜레마일 수도 있듯, 서로의 약점은 상대적이다.

일단 쉬운 것부터 푼다. 언어의 경우엔 비문학이 상대적으로 쉬운 편이므로 비문학이나 쓰기, 논설이나 설명문 같은 것들을 먼저 살핀 뒤 문학으로 가는 게 좋다.

수리 역시 본인이 보기에 쉬운 것부터 해야지, 1번부터 풀 이유는 전혀 없다.

외국어 역시 쉬운 문제를 먼저 보는데, 단문의 짧은 문제들부터 풀고, 잘 안 되는 경우에 체크한 뒤 넘어가는 게 좋다. 내가 풀어서 무조건 맞는 것도 아니라면 굳이 아닌 걸 잡고 고집 피울 게 아니라 아는 것부터 찾고, 모르는 건 찍어서 맞힐 확률을 높이는 게 좋다.

또 하나의 팁이 있다면, 시험지를 나눠주고 파손된 부분을 확인하는 시간에 있다. 그냥 무작정 기다릴 필요는 없다. 어차피 감독관마다 성향이 다르고, 문제지에 손을 대지 않고 눈으로 봤다고 해서 처벌받진 않으므로 시험지를 확인할 때 미리 문제를 눈으로 보는 게 좋다.

이렇게 하면 일단 시간을 벌 수 있고 중위권의 경우 최소 한 문제는 더 맞힐 수 있다.

노트 단권화 전략 03

오답노트에 대한 생각 ▏▏▏

오답노트를 만드는 것이 수능과 어느 정도 연관성을 지닐까? 물론 잘 정리된 오답노트는 보기에 좋다. 하지만 문제는 내용을 알아야 한다는 것이다. 문제 절반을 틀려버리는 이들에게는 솔직히 오답노트가 필요 없다. 기본 내용을 파악하는 것이 더 급선무이다.

오답노트 정리에 목숨 걸 필요 없다. 안다는 것이 중요하다. 많은 이들이 오답노트의 중요성을 말하지만 이건 개인의 성격이나 특성, 그리고 현재 성적에 따라서 필요성이 나뉜다.

나는 오답노트가 있었지만 아주 잘하는 과목에 한해서였다. 언어 같이 포괄적이고 다소 애매했던 과목은 일부 개념만 따로 핵심 교재에 붙였을 뿐이고 다른 교재에서 한두 개 정도 애매한 것을 찾으면 과감하게 잘라서 핵심 교재 뒤에 덕지덕지 붙인 후 반복해서 보는 것으로 마무리했다.

모의고사를 보면서 많이 틀린 부분에는 형광펜으로 체크, 그곳에 내용을 적어두고 자기 전이나 머리가 멍할 때 다시 보았다.

영어 단어를 외우는 경우는 단어장도 좋다고 본다. 손으로 적으면 쉽게 외워진다고들 하는데, 솔직히 잘 모르겠고 프린터로 뽑아서 붙이는 게 더 낫다고 본다. 굳이 손으로 쓰면서 시간을 버리느니 한 번 더 보는 게 낫다는 생각이다.

수학은 따로 오답노트를 만들진 않았다. 그저 인덱스로 마킹하거나 형광펜 및 사인펜을 이용해서 표시하는 걸로 대체했다. 교재 중 봐야 할 페이지엔 인덱스를 붙였고 볼 필요가 없으면 사인펜으로 X표를 했으며 풀어야 할 문제는 형광펜으로 마킹해서 다음에 다시 볼 수 있도록 표시했다. 애매한 개념 역시 모두 다시 볼 것으로 정했다.

어떤 이는 아는 문제도 다시 푼다고 하던데 난 굳이 그럴 필요는 없다고 본다. 사람이란 매우 재미있는 게 한 번 해본 것과 하지 않은 것의 차이는 확연한 반면, 한 번 하는 것과 두 번 하는 것의 차이는 별로 없다. 이성을 사귈 때도 보면 처음 사귀기가 힘들지 두 번째부터는 상대적으로 어렵지 않은 것과 비슷하다. 그래서 난 아는 문제는 다시 풀지 않는다. 대신 제대로 풀지 못했으나 맞은 문제는 반드시 체크해서 내 것을 만들었다.

한번 쉬운 개념은 다시 풀어도 별 어려울 게 없다. 아는 건 아예 다시 안 보고, 잘 모르거나 애매한 건 반복하면서 확실히 짚고 넘어가려 했다. 이렇게 하면 절대 틀릴 리가 없다는 자신감을 갖고 시험에 임했는데, 무모할 수도 있지만 분명 좀 더 확신을 가질 수 있을 것이다.

오답노트에 대한 접근법 ❙ ❙ ❙

오답노트는 모르는 것을 자주 확인해서 아는 것을 만드는 것이다

상위권의 경우

과목별 차이는 있겠지만 수많은 문제에서 모르는 것이 간혹 나올 것이니 오답노트를 만들어도 나쁘지 않다. 모르는 것을 확실히 알아야 실수를 줄인다. 한두 문제에서 차이가 날 수 있으니 반드시 숙지하는 방법을 만들어야 한다.

이 과정에서 오답노트 형식으로 갈 수도 있고, 필자처럼 핵심 교재에 덕지덕지 붙이는 방법을 사용할 수도 있다. 정리에 목숨 걸지 말고, 내용 파악에 시간을 쏟는 것이 더 중요하다.

중하위권의 경우

잘하는 과목은 오답노트를 만드는 게 좋다. 그게 아니고 60% 이하

로 점수가 나오는 사람들은 기본 개념을 정리하는 게 더 나을 것이다. 오답노트가 노트 한 권이 되면 이미 그 기능을 상실했다 볼 수 있다. 문제를 정리하는 자체만으로도 시간이 많이 소모되며 짜증도 나고 정리에 질려서 정작 공부는 등한시할 수도 있다.

필자처럼 귀찮은 게 싫은 성격의 경우

오답노트에 소요되는 시간은 줄이자. 언급했듯 모르는 부분만 체크하고 넘기면서 슬슬 보는 게 더 낫다. 아는 건 과감하게 다시 보지 말자. 어차피 애매한 건 나중에 또 틀리면서 확실히 알게 될 것이다.

난 나만이 알아볼 수 있는 이상한 도형이나 기호, 색깔 등으로 메인 교재에 표시하곤 했다. 다른 교재에 나와 있으나 메인 교재에 없는 내용은 잘라서 옮겨 붙였고 부교재에는 인덱스로 표시해 다시 보곤 했다.

난 영어를 제외한 과목별 핵심 교재가 EBS였고 부교재가 한 권 더 있었기에 이런 식으로 운용이 가능했다. 평가원의 것이 아닌 모의고사나 넘기는 문제집은 잘라서 메인 교재에 붙여버렸다.

정리를 잘하는 스타일

이 경우는 오답노트도 예쁘고 보기 좋게 꾸밀 가능성이 높은데, 꼼꼼한 성격이라면 정리에만 열중해 주객이 전도되는 현상이 벌어질 수도 있다는 점이 문제다.

정리는 열심히 하는데 성적이 안 오르는 경우 더 문제가 커진다. 만약 주변에서 열심히 하는데 성적은 안 오른다면서 머리가 나쁘단 이야기를 듣는다면 상처를 받아 위축될 수 있기 때문이다.

정리에 목표를 두기보다는 가급적 시간을 덜 들이면서 자신이 잘 모르는 걸 복습하는 방법을 찾자.

인터넷 강의는
어떻게 이용해야 할까

04

공부의 본질은 성적 향상을 통한 진로 개척이다. 인터넷 강의가 나에게 필요한 부분을 채워주고 이해를 하는 과정에서 소요되는 시간을 줄여주는 도구가 되어야 한다. 누구의 강의를 듣지 않았다고 해서 초조해하거나 큰일 났다고 생각할 필요는 전혀 없다.

인터넷 강의는 시간 절약과 이해의 도구일 뿐 ㅣㅣㅣ

요즘 인터넷 강의 강사들은 영향력이 꽤나 큰 존재들이고 아무래도 강의의 기술이 발달했을 가능성이 높다. 이들을 통해 이해를 쉽게 하고 시간을 절약할 수 있다면 좋지만, 나의 수준과 맞지 않거나 너무 재미에 치중한다면 필요 없을 수도 있다. 남의 해법에 얽매일 필요는 없는 게, 수능 시험은 고등학교 과정을 바탕으로 기본 개념과 적당한 수준의 응용을 보는 시험이다.

강사들의 사고체계와 나의 그것이 같지 않기에 그들의 스킬에 경도될 필요도 없고, 그 사람의 강의를 듣지 않는다고 불안해할 필요도 없다. 시험에서 문제를 푸는 건 결국 나 자신이며 강사들은 다시 시험 보면 다 맞힐 수 있는 사람들도 아니다. 지인 중 학원 강사가 한 명 있는데 나와 같은 해에 수능을 봤다. 내가 다 맞은 수학을 그는 네 문제나 틀렸고 나머지 과목은 처참할 정도였다.

인터넷 강사를 경외할 필요는 없고 내가 필요한 부분만 찾아서 보면 된다.

강의는 강의일 뿐 ❙❙❙

일단 개념을 잡는 데 있어서 인터넷 강의든 과외든 수업이든 하나를 택하는 게 낫다. 만약 기초조차 없다면 과외 선생을 붙여서 단기간에 점수를 올리도록 하는 게 낫다.

가장 문제가 되는 경우는 인터넷 강의를 수집하듯 듣는 이들이다. 남이 하는 건 쉬워 보인다. 그러나 내가 직접 하는 건 다른 차원이다. 차라리 설명은 약하지만 직접 풀도록 도와주는 과외 선생이나 선배 혹은 친구가 더 낫다. 방송으로 보면 술술 풀리던 문제가 내가 직접

하면 잘 안 풀려서 좌절하거나 방향을 잃을 수 있다.

인터넷 강의는 시간 절약과 개념 이해를 위한 도구일 뿐이다. 생각이나 해법은 내가 갖고 가는 것이므로 주객이 전도되어서는 곤란하다.

인터넷 강의를 고르는 기준 | | |

강의를 고를 때 비용, 주변의 평판, 전 코스를 들었을 때의 예상 소요 시간 등을 고려해야 하지만, 가장 중요한 건 내 수준에 맞는 것을 고르는 것이다. 흥미로우면서도 제대로 내용을 전달하는 것을 택해야 한다. 그리고 강의 중 인터넷에 정신 팔리지 않게 주의해야 한다. 강사의 인상을 보고 선택하지 말고 추천받거나 맛보기 강의를 듣고 구매하는 게 낫다.

남과 나는 다르며 친구의 추천도 나의 기준에 합당하지 않을 수 있다. 게다가 인터넷 강의만 계속 듣다가 보면 스스로 풀어가는 법을 익히는 데 한계가 생길 수 있으므로 본인이 해결하는 능력은 자꾸 줄어든다. 야구의 예를 들자면 20승 투수의 투구를 지켜보는 것으로 투구를 배울 수는 있지만 그것만으로 내 실력이 늘지는 않는 것과 마찬가지다.

집중력을
올려라

05

집중력은 어떻게 보면 100일 남은 현재가 아니라 전부터 신경 써야 할 목표가 아니었나 싶다. 그래도 이 시점에서 더욱 절실해지며, 마음이 약해지는 것도 막기 위해 이 장에 넣었다.

어린 시절 나는 정서가 불안하다는 평가를 받았다. 그리 유쾌하지 않은 담임교사의 지적을 받으면서 서예 학원을 다녔는데, 서예를 가르치는 할아버지는 그리 따뜻하게 날 대해주지 않았다. 지금 생각하면 호기심이 많고 학교 수업이 수준에 맞지 않아서 집중하지 못했던 것인데, 초등학교 내내 내가 집중력이 약한 것으로 생각하고 살았다. 주변에서 누군가 그렇지 않다고 자신감을 심어 주었으면 좋았겠지만 아쉽게도 그런 일은 없었다.

어른이 되어서 이런 옛날이야기를 하는 이유는 스스로 집중력이 약하다고 규정짓지 말라는 의도에서다.

현재 나는 나의 집중력이 누구보다 강하다고 생각한다. 실제 그런지 아닌지는 알 수 없지만 그렇게 생각하는 게 마음이 편하다. 내가 나를 스스로 규정하면 그 한계를 깨기 힘들다. 안 되는 걸 된다고 생각하고 노력하는 게 차라리 나을 수 있다.

그런데 집중력은 어떻게 키울까?

더욱 뚜렷한 목표의식을 다진다 ┃┃┃

내가 지금 뭘 하고 어디로 향하는지 명확하게 인식해야 한다. 그것이 바로 목표이고 목표는 미래를 좌우하는 부표와 같다. 항해는 운전처럼 쭉 뻗은 직선주로로 가는 게 아니다. 경로가 달라질 수도 있고 폭풍우도 만날 수 있다. 그렇지만 어떻게든 목표지점을 향해 간다. 인생이 무조건 성취 지향적일 필요는 없겠지만 적어도 젊은 시절엔 그렇게 하는 게 미래를 위한 투자다.

목표는 미래에 어떤 삶을 살고 어떤 가치관을 지니게 될지에 영향을 미친다. 목표가 없다고 해서 인생이 의미 없는 건 아니지만, 적어도 어떤 지향점이 있으면 그걸 성취할 가능성이 존재하는 반면, 되는 대로 사는 경우엔 의욕도 없어지고 순간의 유혹에 쉽게 넘어간다.

일단 목표를 세운다. 그리고 그것을 이루기 위해 노력하겠단 목표의식을 갖는다.

목표를 세우면 이런 효과를 얻을 수 있다.

__ 공부 중 정신적 피로감이 덜해진다.
__ 집중력이 향상된다.
__ 정신적인 무장을 하게 된다.
__ 시험 중 실수할 확률이 줄고 차분해져 성적 향상이 기대된다.
__ 적당한 긴장감은 좋은 자극 인자가 된다.

주변 소음에 신경 쓰지 않는다 | | |

시험 당일, 아주 조용한 곳에서 시험을 보면 좋겠지만 현실적으로는 그럴 수가 없다. 나는 나이 먹고 수능을 봤기 때문에 혹시 어린 고등학생들이 떠들지 않을까 하여 소음에 신경 쓰지 않는 훈련을 했다. 내가 이렇게 한 이유는 여름에 토익시험을 보다가 매미소리 때문에 망친 기억이 있었기 때문이다. 그런데 정작 시험을 볼 때는 시험감독관이 쓸데없는 말을 늘어놓는 바람에 감독관에 대비한 훈련이 되어버렸다. 여하튼 감독관들에 따라서도 운이 다르다. 나와 같은 교실의 수험생들은 손해를 많이 봤을 듯하다.

가끔은 공공도서관에서 공부하기도 했고, 집에서 공부할 때는 TV를 켠 채 문제를 풀면서 시끄러워도 집중하는 법을 훈련했다.

내가 수능 시험을 본 대원고등학교는 당시 최악의 조건이었다. 히

터의 기름 냄새가 났지만 그나마 내 책상과는 거리가 있어서 다행이었고, 2교시 감독이 쓸데없는 소리를 늘어놓은 게 짜증이 났지만 참을 만했는데, 거짓말 같게도 교실에서 쥐가 나왔다. 내 평생 가장 황당한 일이었고 지금은 거짓말처럼 느껴진다.

나는 그나마 나이도 있고 여러 가지 생각을 하고 갔기에 덤덤하게 넘길 수 있었는데 어린 수험생들은 쉽지 않은 날을 보냈을 것이다.

조용한 환경을 찾다가, 정작 수능날 시끄러우면 몸이 민감하게 반응해 시험을 망칠 수 있으니 차라리 시끄러움에 대비하는 훈련을 하자.

양궁 선수들은 야구장에서 연습을 하거나 시끄러운 곳을 일부러 찾아가서 화살을 쏜다고 하는데, 이렇게 하면 각종 소음을 내는 관중들 앞에서도 의연할 수 있다고 한다.

연습을 실전처럼, 실전은 연습처럼 ▌▌▌

나는 웬만하면 모의고사는 다 봤다. 모의고사를 보면서 실전용 훈련을 했고, 끝나고서는 반드시 모르는 부분을 내 것으로 만들었다.

각자 상황이나 입장이 다르기에 모의고사를 무조건 다 볼 수는 없지만 중요한 건 횟수가 아니라 모의고사도 수능처럼 열심히 푸는 자세다. 대충 보거나 끝나고 놀러갈 생각을 하면서, 다음에 잘하겠다고 다짐한다면 큰 오산이다.

이런 생각을 갖는다면 내면의 나에게 나쁜 습관이 들어 실전에서도 자세가 흐트러질 가능성이 높다. 정해진 시간 내에 검산을 하고, 정 모르면 찍는 훈련이라도 해라.

수능 날은 평소와 완전히 다르다. 일단 언론에서 보도를 하며 주변 사람들이 주는 압박감이 확실히 크다. 모의고사만으로 수능 당일의 압박감을 완벽히 체험해볼 수는 없지만, 최소한 압박감에 대처할 수 있는 훈련은 된다.

혼자 독서실에서 넘기는 문제집을 푸는 것과 사뭇 느낌이 다르며 언어나 수리같이 다소 시간이 부족할 수도 있는 과목을 풀 때는 완급 조절을 위한 훈련이 된다.

모의고사를 많이 본다고 해서 성적이 무조건 오르는 건 아니지만 최선을 다 하면 분명 지구력 향상에 도움이 된다. 수험생에게 모의고사는 마라톤 선수가 풀코스를 몇 차례 완주해봤느냐, 혹은 복서가 몇 라운드를 소화해봤느냐와 같다. 대충 하겠다는 생각은 내 자신에게 불명예이다. 포기하는 사람은 다음에 이런 일이 생기면 또 포기할 가능성이 높고, 이는 결국 인생에서 힘든 일이 닥치면 도망가는 사람이 된다는 뜻이다.

집중력을 올린다는 약은 피한다 | | |

시중에서 유행하는 '집중력을 향상시키는 약'은 가급적이면 피해야 한다. 음대생들을 대상으로 침착하게 해준다는 모 약국의 'ㅅㅁ 탕'은 실제론 베타 차단제가 들어간 약물로 알려졌고, 또 다른 약물은 각성 효과가 있기도 하다. 신경정신과 관련 약들은 처음에는 효과가 크게 느껴지지만 시간이 갈수록 약물에 대한 내성이 생기고, 좀 더 많은 용량이 들어와야 효과를 보기에 그리 좋지 않다. 이런 약물을 수시로 사용하면 약물성 두통으로 더욱 힘든 컨디션이 될 수도 있다.

커피에 예민한 사람은 잠을 잘 자지 못할 수도 있으므로 내가 어떤 체질인지를 감별해서 마시는 게 좋다. 카페인이 들어 있어 가급적 덜 마시는 게 좋지만, 최소한 집중력 향상 약보단 낫다.

담배를 피우는 학생은 담배를 피우지 않으면 금단증상 때문에 공부에 방해가 될 수도 있다. 수험생활 중에 끊으면서 스트레스를 받기보다는 아예 처음부터 손을 대지 말거나 피우던 사람은 그냥 피우다가 나중에 대학에 가서 금연하는 게 좋겠다. 수험생활 중에 괜히 환경을 바꿔서 공부에 영향받지 말라는 말이지 담배를 피우도록 권장하는 건 아니다.

스트레칭 ⅠⅠⅠ

책을 바닥에 놓고 보면 고개가 숙여지고, 이런 자세로 오래 앉아 있다가는 목이 일자형으로 굳어진다. 목에는 뇌로 올라가는 큰 동맥인 경동맥과 척추 사이에 추골동맥이 있는데, 각각 뇌에 올라가는 혈

류의 90%, 10%를 담당한다. 따라서 목이 앞으로 나가면 혈관이 눌리고, 이는 산소 공급을 방해하는 요소가 된다.

독서대를 놓고 책을 보면서 자세를 바르게 하면 좋고, 공부하다가 뒤로 기지개를 켜는 것 역시 긴장감 해소에 도움이 된다. 사실 나는 누워서 책을 잘 본다. 베개를 목에 대고 누워서 복습을 하는데, 어렵지 않은 책은 충분히 볼 수 있고 피로감도 줄어들어서 애용한다.

그러나 부모님들이 그런 자세로 공부하면 신경을 쓰기에 추천하고 싶지는 않다.

피곤하고 머리가 둔하면 관자놀이 부근의 태양혈을 누르거나 머리 정수리의 백회혈을 자극하고, 풍부, 풍지라는 목 뒤의 근육 사이에 있는 혈 자리를 눌러줘도 좀 개운해지는 느낌이 생긴다. 너무 피곤하면 인근 한의원에서 목이 뻐근하다면서 근육 위주로 침을 맞아도 큰 도움이 된다.

한약은 어떨까? 그럼 병의원 약은? 내 병 미리 치료하기 ▎▎▎▎

한약 중 총명탕이라는 것이 있다. 이걸 먹는다고 머리가 좋아지는 건 아니다. 만약 좋아진다면 매일 먹는 사람은 천재가 될 것이다. 실제로 그런 결과는 없다. 총명탕은 머리에 피가 좀 더 갈 수 있도록 도와주는 처방일 뿐이다.

그런 목적이라면 총명탕뿐 아니라 자세를 바르게 하거나 목을 '추나 요법'으로 교정해 뇌로 피가 올라가는 경동맥과 추골동맥을 덜 압박하게 만드는 것도 좋다. 목적을 향해 방향을 조정하는 방법은 여러 가지다. 똑같은 하나로 무조건 좋아지는 건 없다.

공부를 방해하는 요소는 여러 가지다. 만약 심리적인 것이 나에게 장벽으로 작용한다면 그걸 풀어야 하고, 스트레스로 인해 소화가 잘 안 되면 줄여야 하며, 장이 불편한 경우는 거기에 맞는 대처를 해야 한다. 내 컨디션을 안 좋게 만드는 상황을 타개할 해법이 있다면 한약이든 양약이든 써야 한다.

가장 중요한 건 자신의 고질적인 문제를 알고 대처법을 찾는 것이다. 긴장하면 나오는 증상을 해소한 뒤 총명탕을 먹든 공진단을 복용하든 한약을 먹든 링거를 맞든 택하면 된다.

여학생은 생리통이 심하면 자궁을 비롯한 부속기관에 염증 성향, 한의학적으로는 어혈 소견이 있는 경우가 있으니 양방이든 한방이든 치료를 받고, 그게 효과가 있으면 수능 날 그 증상이 나오지 않도록 약을 사용해도 좋겠다.

한약에 대해서 안 좋은 보도들도 있었지만 최근 약재에 대한 기준이 매우 까다롭기에 한의원의 약재는 믿을 만하다. 한방식품의 재료와 한의원의 약재는 적용 기준이 다르다.

한약이 좋긴 하나 성적이 기하급수적으로 오르는 마법의 명약은 없다. 약이나 요법은 보조적인 성격이 강할 뿐이다. 심리적인 압박을 느껴 우황청심환을 먹는다 하더라도 사람에 따라 효능이 다르다. 어떤 이는 긴장이 풀리는 반면 두통을 느끼거나 심하게 감정이 이완되서 졸린 이들도 있다. 사람마다 증세와 체질이 다르니 아무것이나 먹어서는 곤란하다.

우황청심환을 먹겠다는 학생은 최소한 두 차례 정도 모의고사 날 미리 먹어보고서 수능 시험을 치길 바란다. 요새 나오는 우황청심환은 사실 동의보감 처방과 많이 다르고, 제약사마다 효능이 같지 않을 수도 있기에 뭐가 자신에게 맞는지 솔직히 알 수 없다. 제약사 약은 진짜 우황청심환이 아니라 보면 된다. 그래도 그게 나에게 맞을 수도 있으니 심리적으로 떠는 사람들은 미리 먹어보고 얼마나 몸에 맞는지 알아봐야 한다.

나는 수능 막판 한약을 먹긴 했었다. 당시에는 뭐라도 하나 더 해봐야 한다는 생각에서 복용했었지만 목적성에 맞게 쓰는 경우 도움이 많이 된다. 그 사람의 컨디션이나 몸 상태에 맞게 쓴다고 보면 된다.

약물에 대한 결론은 이거다. 고질병을 치료하는 게 중요하고, 수능 날 우황청심환 등 약의 힘을 빌리려는 사람은 미리 먹어봐서 스스로에게 테스트를 한 뒤 안전하게 효과를 봤다면 수능시험 당일 복용하면 된다.

나의 성공한 이미지를 더욱 다지자 | | | |

사람은 바라는 대로 된다. 내가 생각하지 못한 방향으로 일이 흘러갈 수도 있지만 적어도 관심사 안에서 움직일 때가 많다. 나는 5년 정도 뒤를 바라보고 어떤 이미지를 생각하곤 하는데, 그중 웬만한 것은 다 이뤘거나 할 수 있음에도 안 했다. 결국 생각한 대로 거의 다 했다는 말이 되겠다.

수험생들은 이제 얼마 남지 않은 상황에서 자신이 바라는 이상적인 모습을 상정한 뒤, 각오를 다지자.

● 숙면법

잠을 줄여가면서 공부해야 한다는 풍조가 있는데, 수험생에게는 그 무엇보다 숙면이 중요하다. 그 이유에 대해 알아보자.

❶ 숙면은 학습내용의 기억에 중요한 역할을 한다

수험생들은 흔히 공부를 하겠다는 일념으로 잠을 잘 자는 것의 중요성을 망각하곤 한다. 밤에 잠을 잘 자는 사람이 그렇지 않은 사람보다 시험성적이 높았다는 연구결과처럼 수면은 학습에서 중요한 역할을 한다. 잠을 잘 자야 학습시간에 졸리지 않고 집중이 잘 되기 때문이기도 하지만, 그보다 더 중요한 이유가 있으니 바로 수면 시간은 뇌가 낮에 학습한 내용을 기억으로 저장하는 시간이기 때문이다.

잠자는 동안, 뇌는 낮에 학습된 정보들을 체계적으로 정리하여 각각의 자리에 저장함으로써 장기 기억으로 만들어 준다. 이렇게 단기 기억이 장기 기억으로 저장되는 과정은 주로 꿈을 꾸는 렘수면(REM : Rapid Eye Movement) 중에 이루어진다. 흔히 꿈을 많이 꾸면 잠을 잘못 잤다고 생각하는데, 꿈을 많이 기억하고 있는 것일 뿐 잠을 못 잔 것은 아니다. 오히려 꿈은 뇌의 휴식이자, 기억과 학습에 관계하여 유용하고 필수적인 기능을 수행한다.

❷ 육체적, 정신적 피로 회복에 도움이 된다

낮 동안의 학습과 각종 활동으로 인해 뇌와 몸에는 여러 가지 피로 물질이 쌓이게 되는데, 숙면은 피로를 풀고 뇌와 신체에 영양분을 공급해준다.

피로 해소에 가장 중요한 수면 단계는 깊은 잠을 자는 비-렘수면 (N-REM : Non-Rapid Eye Movement) 3, 4단계이다. 이때 뇌에서는 델타파가 나오는데 낮 동안에 쌓인 인체의 피로를 풀고 단백질 합성 등을 통해 다음 날 활동에 대비할 수 있게 돕는다. 실제로 델타 수면이 부족하면 면역력이 떨어지고 성장 장애, 학습 장애를 일으키는 것으로 알려져 있다. 따라서 양질의 수면을 취하려면 델타 수면을 충분히 확보해야 하며, 이를 위해서는 일찍 잠자리에 드는 것이 좋다.

❸ 정서적 안정과 생체리듬 유지에 도움을 준다

숙면은 각종 정신적 스트레스로 인한 피로물질의 해소를 도와 정서적으로도 안정을 얻을 수 있다. 또한 규칙적인 취침, 기상시간을 지킨다면 정상적인 생체 리듬을 찾을 수 있고, 면역력도 높아져서 건강 유지에 도움이 된다. 수험 생활은 하루 이틀에 끝낼 수 있는 단기전이 아닌 만큼, 장기적인 안목으로 신체 컨디션 조절에 임해야 한다.

❹ 숙면은 호르몬 분비에 도움이 되긴 하지만…

물론 대학생 때 크는 경우도 있지만 고3은 일부를 제외하곤 성장이 거의 끝났다고 볼 수 있다. 숙면은 호르몬 분비에 도움이 되긴 한다. 성장호르몬은 밤 12시 부근에 나오는 편이고 수면 후 두 시간 정도 뒤에 많이 나오기에 아이들의 성장을 위해선 아홉 시, 늦어도 열시 쯤엔 자라는 말을 한다.

수면도 주기가 있기에 한 시간 반 단위로 렘수면과 비−렘수면이 반복되는데, 이 경우 서양의학에선 의욕을 증진시키고 면역을 좋게 한다는 호르몬 코디졸도 더 많이 분비된다고 한다.

한의학적으로는 음과 양의 기운 중에 밤에는 음의 기운이 강하고 서양 의학적으론 부교감신경이 교감신경보다 우위에 있기에 차분해지고 정적인 상태가 되며 조용해지고 음의 기운과 관련되는 호르몬의 분비가 증가한다 할 수 있다.

하지만 고 3의 경우 열 시에 자도 공부를 잘하는 경우는 극소수이다. 게다가 밤이 되면 차분해지는 것이 일반적이기에 열두 시 넘어서 공부가 잘 된다는 학생들도 부지기수이다. 나 또한 그랬다. 이는 한의학적인 음의 기운이 정적인 것이고 부교감신경은 흥분을 덜 하는 모드이기에 당연한 생리 기전이다.

컨디션이 아무리 좋아도 공부를 안 하면 소용이 없다. 인간의 생체 리듬을 본다면 숙면이 호르몬 분비에 도움이 된다고 하니까, 성장호르몬 주사를 맞거나 성장호르몬 분비를 촉진하는 한약을 먹으면 결국 호르몬 분비가 좋아지고 성적이 오른다는 묘한 논리가 성립되어야 하는데 입증된 바가 없다. 게다가 성장호르몬이 많아야 공부를 잘한다면 선천적으로 흑인→백인→동양인 순이 되어야 하며, 미국에 있는 동양인이 아시아의 동양인보다 평균적으로 성장호르몬 분비가 많은 편이지만 이 역시 성적과는 별로 관련이 없다.

그러니 나에게 맞는 방법을 미리 찾고 공부하는 게 차라리 낫다고 본다. 일찍 자는 학생은 그 나름대로 좋지만, 나처럼 심야에 공부가 잘 되었던 경우라면 이런 이론 일부러 무시하고 그냥 집중하는 게 차라리 스트레스를 줄이는 데 도움이 된다.

세상에 호르몬 분비나 생체 기전을 딱딱 맞춰서 사는 사람은 극소수이다. 나에게 맞게 해석하고 궁극적으론 긍정적인 방향으로 소화하면 그만이다.

❺ 숙면을 위한 방법

그러면 숙면을 취하기 위한 방법에는 어떤 것이 있는지 알아보자.

__ 카페인이나 탄산이 든 음료를 자제한다.

커피, 콜라, 사이다 등에 함유된 카페인이나 탄산은 뇌를 각성시키는 작용을 하여 숙면을 방해한다. 따라서 가급적 카페인이나 탄산이 함유된 음료는 피하도록 한다.

__ 낮잠을 많이 자지 않는다.

당연한 이야기지만, 낮에 잠을 많이 자면 밤에 충분히 잘 수 없다. 10분 정도의 토막잠은 피로를 풀어주고 뇌의 안정을 돕기 때문에 권할 만하다. 그러나 너무 긴 시간의 낮잠은 밤의 숙면을 방해하므로 바람직하지 못하다.

__ 야식은 간단히, 과식하지 않는다.
밤늦게까지 공부하다 보면 허기가 느껴져 이것저것 야식을 챙겨 먹게 되는데, 위장이 약하거나 소화가 잘 안 되는 사람은 주의하는 것이 좋다. 잠자기 전에 음식을 먹으면 위장은 그것을 소화시키기 위해 열심히 일을 해야 하므로, 몸이 깊은 수면에 빠질 수 없게 된다. 즉 소화기관들도 낮에 열심히 일을 했으니 밤에는 쉬어야 하는데, 야식을 먹으면 소화기관들이 쉬지 못하고 밤새 또 일하는 꼴이 된다.
또한 늦은 밤의 간식은 위산 분비를 증가시켜 위궤양이나 위염 등을 일으킬 염려가 있으므로, 야식은 시장기를 가시는 정도로만 간단히 먹는 것이 바람직하다. 잠자리에 들기 2시간 전에는 음식을 먹지 않는 것이 좋으며, 정 배가 고플 때는 우유 한 잔 정도를 따뜻하게 데워 마시면 위에 부담도 되지 않으면서 긴장도 풀어주어 숙면을 취하는 데 도움을 줄 수 있다.

__ 규칙적인 생활과 가벼운 운동을 병행한다.
규칙적인 수면 리듬을 만들기 위해, 매일 비슷한 시간에 잠자리에 들고 일어나는 습관을 들이는 것이 좋다. 주말이나 쉬는 날이라고 해서 마냥 늦잠을 자면, 생체 리듬이 깨져 다음 날 오히려 더 힘들게 된다. 밤에 잠이 잘 오지 않을 경우, 저녁에 가벼운 운동을 하면 근육이 피로해져서 쉽게 잠들게 되므로 권할 만하다. 그러나 잠들기 직전에 너무 과격한 운동을 하면 오히려 뇌가 각성되어 잠들기 힘들게 되므로 무리한 운동은 피하도록 한다.

__ 잠자기 전에 따뜻한 물로 목욕한다.
저녁시간의 미온욕은 심신의 긴장과 피로를 풀어주어 숙면에 큰 도움이 된다. 따뜻한 물에 발을 담그는 족탕도 좋은 방법이다.

__ 숙면을 위한 편안한 환경을 조성한다.
같은 시간 동안 잠을 잤더라도 숙면을 취하느냐, 취하지 못하느냐에 따라 피로 회복과 정보 저장효율이 크게 달라진다. 체형에 맞는 침구 선택, 충분한 일광 소독을 거친 청결한 침구, 적정한 실내 온습도 유지, 침실 내 충분한 환기, 알레르기 유발물질 제거, 공기정화식물 비치 등 편안한 수면 환경을 조성하기 위한 노력을 기울이도록 한다.

Part **4**

수능
D-30

수능형 준비 01

사실 전부터 준비해야 할 부분이지만 수능 시간표에 맞게 공부하는 습관이 필요하다. 즉 언어, 수리, 과학 및 사회, 외국어 순서로 공부하는 게 좋다. 그리고 이제 모든 체제를 수능에 맞게 준비하자.

마킹도 연습이 필요해 | | |

답을 밀려 썼다는 말을 들을 때가 있는데, 난 평생 단 한 번도 밀려본 적이 없다. 이는 다섯 문제씩 나눠서 체크하는 습관 덕분에 그런 것 같다. 하나하나 순서대로 하다가 보면 밀릴 가능성이 있다. 다섯 문제씩 답안지에 체크하고, 그중에 모르는 것이 있을 때 칸을 띄워두면 마킹에서 밀릴 가능성이 없다.

이런 훈련은 모의고사에서 꾸준하게 해야 한다. 수능 당일 마음이 떨려서 실수해 이런 어이없는 결과가 나오지 않도록 조심하자.

반복학습이 중요하다 ||||

오답노트를 만들거나 틀린 부분을 체크하라는 이야기는 반복학습을 통해 머리에 남기기 위해서이다. 사람은 한 번 틀린 부분을 자꾸 놓치고 단기기억은 머리에서 빠져나갈 수밖에 없기에 반복학습을 통해 자신의 약점을 보완해서 수능 날 좋은 결과를 만들어야 할 것이다.

사람은 망각의 동물이고 가끔은 망각이 정신건강에 도움이 되기도 한다. 그러나 학습에선 망각이란 참으로 원망스러운 녀석인데 독일의 심리학자인 헤르만 에빙하우스가 여기에 대해서 아주 자세하게 분석했다.

일반적인 경우 보통은 4차에 걸쳐서 복습해야 기억이 오래 남게 되니 같은 내용을 다음 날에 하고 주말에 한 번 더 하며 한 달에 일주일 정도는 같은 내용을 복습하는 식으로 한다면 기억에 오래 남을 것이다.

즉 공부한 내용을 다음 날 잠깐 본 뒤, 주말 중 하루를 그 주에 본 내용을 숙지하는 식으로 투자하고, 한 달에 한 주일 정도는 그 달에 본 내용을 복습하는 식으로 활용하면 효율적이다.

이는 수험생이 되기 전에 해야 할 방법이며, 30일 정도 남기고 복습에 들어간다면 단원을 총체적으로 다룬 문제집을 봐서 모호한 부분을 체크하는 식으로 접근하는 것이 더 낫다. 여하튼 복습을 통해 망각하지 않는 것이 중요하다.

집에서 공부하지 말아야 할까? 해야 할까? ｜｜｜

집에서는 공부하지 말라는 사람들도 있다. 머리가 쉬어야 한다거나 집중력을 발휘하기 위해 공부할 곳과 쉴 곳을 구별하라고 한다.

개인적으로 보기엔 결과가 좋았던 이들의 방법은 미화되는 경향이 강하다. 결과가 좋았다 하더라도 그 과정이 다 옳을 수는 없다. 누군가 성공한 비결을 똑같이 따라 하더라도 동일한 결과가 나올지는 알 수 없다. 같은 약이라도 사람의 체질이나 컨디션 등에 따라 반응이 다르듯, 학업 능률을 올리는 방법은 같을 수가 없다. 집에서 공부해야 할지 여부는 사람마다 다르리라 본다.

난 집에서 공부를 했다. 심지어 TV를 켜놓고서도 문제를 풀었다. 그렇게 한 이유는 어떤 돌발 상황이 생기더라도 흔들리지 않기 위해서였다. 시험 때 머리가 멍할 수도 있고 배가 아플 수도 있다. 당연히 집중하기 어려운 환경도 준비를 해야 한다고 생각했다. 살면서 보면 시험 때 조건이 완벽한 경우는 거의 없었다.

집중력이 특정 지역에서만 발휘되는 것은 그리 좋은 게 아니다.

어차피 시험은 내 홈그라운드에서 보는 것도 아니다. 집중력이 특정 상황에서만 발휘된다는 건 정신적으로 강하진 않은 것이다. 집중력이 특정 장소에서 발휘된다면 수능 날 심리적으로 떨 가능성이 크다. 익숙한 환경이나 정해진 자리만 고집하는 건 그리 좋은 학습법은 아니라고 본다. 집중이 잘 안 되는 상황이라면 가볍게 읽어볼 자료를 참고하거나 오답노트, 혹은 오답노트가 아니더라도 체크 해둔 부분을 복습하는 게 좋다.

집은 쉬는 장소라고 하지만, 복습은 그리 머리 아픈 과정이 아니다. 자투리 시간도 분명 모으면 의미가 있고, 컨디션이 나쁠 때도 뭔가 했다는 경험이 있으니 어떤 일이 있더라도 크게 흔들리지 않고 강해질 수 있다.

성적이 죽어도 안 오른다?

02

노력한 만큼 성적이 안 오르는 과목들이 있다. 나의 경우는 언어가 그랬다.

성적이 안 오르는 이유는 공부 부족이거나 내용을 다 안 본 것이다. 어떤 책을 봤고 어떤 스타 강사의 강의를 들었느냐는 아무런 인정을 받을 수 없고, 내용을 아느냐와 그렇지 못하느냐로 갈릴 뿐이다. 어차피 책은 다 거기서 거기다. 공부 잘하는 친구가 보는 책은 특별한 것 같고 대단해 보이지만 내가 보는 것과 별 차이가 없다.

나의 경우엔 특히 과학탐구가 많이 올랐는데, 핵심 교재가 하나뿐이었고 그걸 다섯 번 이상 보긴 했지만, 분명 내가 공부하지 않은 부분에서 나온 것도 있었다. 그건 일단 내 교재에 틈이 있거나 공부를 넓게 하지 않아서의 문제라 생각되지만, 여하튼 희한하게 응용을 해서 풀었다.

어쨌든 맞히면 그만이다. 다른 모든 참고서를 다 챙길 정도의 실력자도 없으니 일단 내가 보는 책이라도 외울 정도로 열심히 보고 다른 생각을 해라. 앞에 달리는 사람들이 있다 하더라도 내용만 다 알고 들어가면 솔직히 누가 이길지 모른다.

책을 몇 번 본 게 중요한 게 아니라, 내용을 확실하게 아는 것이 핵심이다. 성적이 안 오른다 하더라도 좌절하지 말고, 시험 때 최소한 내가 아는 건 다 푼다는 생각으로 하면 충분히 잘 나올 수 있다.

수능 대박 난 역전 사례들을 참조하자 ┃┃┃

나는 9월까지 모의고사 점수가 지독하게 안 올랐다. 수험생들의 이야기를 다룬 서적을 참조하지는 않았지만 '한의대닷컴' 사이트에 올라온 나이든 수험생들의 수험기를 반복적으로 읽었다. 대략 나와 비슷한 상황에서 공부한 이들로서 정체 상태에 있다가 수능을 잘 본 사례도 소수나마 있었다. 2003년 수능에선 지방 한의대라도 당연히 2% 이내여야 했으므로 내 모의고사 점수로는 쉽지 않았지만 역전의 사례를 보면서 어느 정도 위안을 삼았다.

사람은 주변 상황에 잘 흔들리는 존재이다. 우리나라 사람들은 혼자 행동하는 것을 매우 꺼려한다. 특히 혼자 밥을 먹는 것은 두려워할 정도다. 그러나 외국에서는 아주 이상한 모습이 아니다. 혼자라고 느끼면서 흔들리기보다는 다른 역전사례를 참조해서 마음의 안정을 찾았으면 한다. 50일 만에 19%에서 0.25~0.3%로 들어간 나의 사례도 좋다. 그래서 이 책을 통해 내 사례를 반복적으로 말하는 것이다. 갑자기 책 한 권을 본다고 어떻게 할 수 있는 게 아니다. 벌써 고3이니 그저 흔들리지 말고 용기를 가지라고 말해주는 게 가장 큰 도움이라 생각하는 것뿐이다.

내가 졸업한 경원대 한의대의 2년 선배 중엔 9수를 해서 입학한 이가 있다. 그는 나보다 한 살이 어리지만 한의대에선 2년 선배이니 결과적으론 나보다 3년이 빠른 것이다. 인생을 길게 보고 실수를 배움의 기회로 생각하면서 다른 사람들의 사례를 참조한다면 분명 마음의 위안을 얻으면서 편안하게 시험에 임할 수 있을 것이다.

다른 이들의 사례는 나를 객관화해서 볼 수 있는 좋은 근거자료다. 타인의 화려한 학벌에 경도되는 것이 아니라 나의 미래를 위해 참고할 가치가 있는 자료로서 생각했으면 한다. 최악의 경우 내년에 한 번 더 시험 볼 수 있다는 여유를 갖고 편하게 임해라. 금년은 포기하라는 것이 아니라 배수의 진을 치지만 그것에 매몰되어서 제 실력을 발휘하지 못하는 일이 없도록 하란 의미로 해석했으면 좋겠다. 즉 최선을 다해 열심히 준비하면서 '난 잘될 거야'라는 편한 마음으로 시험을 보라는 뜻이다. 이때 타인의 시험사례는 마음에 평온을 가져오는 도구이다.

물론 모두가 대박을 낼 수는 없다. 그러나 조급한 마음으로 시험을 보는 이들은 일반적으로 결과가 안 좋다. 시야가 좁아지고 문제를 제대로 읽지 못하기 때문이다. 나도 성격이 급한 편이긴 하나 시험 때는 전혀 긴장하지 않는다. 전날 잠을 못 잤다는 사람들도 있지만 언제나 푹 자고 가서 여유롭게 시험에 임했다. 물론 최고 수준의 결과는 아니지만 내 스스로 만족할 만한 성과를 거둔 건 역시 마음가짐 덕분이 아닌가 싶다. 그런 여유를 찾는 데에 다른 사람들의 사례는 매우 훌륭한 도구다.

전 90 학번이었고 포항공대를 졸업했습니다. 저는 도서관도 안다니고 방에 앉아서 완전 생독학을 했는데 수능공부를 본격적으로 시작한건 작년 3월부터였습니다.. 마음을 먹은건 재작년 말이었는데..수학과 영어를 하나 구해다 풀어보고 그만 방심해서 3월부터 해도 충분하다고 생각해버렸지요..;

*공부스케줄
3 월에는 정석만 했습니다. 10 일에 하나씩 한달동안 정석 세권을 보았지요..물론 연습문제는 안보았습니다. 이러고 나서 모의고사 문제를 풀어보니 1~2 개정도 틀리더군요..전 만족했는데 나중에 알고보니 사실 이렇게 틀리면 안되는 것이었습니다.상위권의 경우 거의 무조건 다맞는다고 보면 된다는 말을 나중에 어디서 듣고 좀 충격받았지요^^.

4 월에는 언어를 공부했습니다. 어디서 구해온 교과서 읽고 고전참고서를 보았습니다. 그리고 이런저런 문제집 언어다 풀구요. 원래 국어는 자신이 있었습니다. 학력고사때도 수학은 엄청 조졌지만(52/75) 국어를 잘봐서 (52/55)대학을 합격할수 있었거든요..4 월한달 공부하고 나니 언어는 4~5 개정도 틀렸습니다. 제가 알던 분이 이정도면 괜찮다고 말씀하셨지만 저로서는 상당히 불만족스러운 점수였습니다.

5 월에는 사탐을 했습니다. 사탐은 저리 같은경우는 배워본적도 없어서 그냥 단과를 하나 들었습니다. 집주위에 학원가서 들엇는데 과목당 72000,책값은 6000 씩 312000 들었는데 요즘 학원 상당히 비싸다는 느낌이 들었습니다. 사탐은 단과 한번 들은걸로 일단 정리했습니다. 근데 이게 잘못 됐더군요..전 그후로도 사탐 교과서를 읽어보지 않았는데.. 수능 끝나고 올해초 이곳을 알게 되어 와보니 국사,윤리는 반드시 교과서를 읽어야 한다고 합니다. 사탐단과 들으면서 수학을 조금 하고 하면서 5 월을 보냈습니다.

6 월..여기서 조심..6 월쯤 되면 상당히 나태해지기 쉽습니다.힘이 떨어지고 긴장이 풀리기 시작할때인 데다가 점수도 어느정도 나오는것 같고..다 아는것 같고..(백도 없습니다만..^^;;) 게다가 작년 6월은 월드컵의 계절이었지요.제가 원래 월드컵 시청을 무지하게 좋아합니다 밤을 새워도 보는경기를 시청하는 스타일인데 밤 안새워도 볼수있는 일생일대의 기회니 나태해진 참에 공부를 밀어버렸지요..이렇게 놀아버린 휴유증이 결국남아 7~8 월까지 연속으로 제껴 버렸습니다.날도 더운데..6 월에 놀던 습관이 남아 좀처럼 공부하기 힘들더군요.. 이번에 독학으로 공부하시는 분들 절대로 여름에 나태해지지 않도록 조심하세요. 다행히 ? 이번에는 월드컵도 없으니까요..

8 월말 누가 이제 곧 수능신청서를 내야 한다고 하자 정신이 번쩍 들더군요. 게다가 이때쯤 한의예에 점수가 재생각 보다 상당히 돌다는건 알았습니다 이것도 상당한 자극이 되었지요..

역전 사례를 참고했다

고3의 유혹을 뿌리치는 방법 03

사람이 쉬운 것을 하면 집중력이 생기지만 어려운 걸 하면 피로를 쉽게 느낀다. 수능 공부는 쉬운 것도 있고 어려운 것도 있지만 분명 지치고 힘이 드는 과정이다.

유혹은 참으로 무서운 녀석이다. 어릴 때는 주변 분위기도 있어 쉽게 유혹에 넘어는 일들이 있었다. 얼마 안 남은 시기, 정신 차리자.

동기 부여 | | |

등산을 할 때 맹목적으로 누구를 따라가는 것과 스스로 목표를 정해서 가는 건 현저하게 다르다. 만약 이상형이 사귀어준다는 조건을 건다면 몸치도 초특급 운동 고수의 능력을 보일 수 있다. 반대로 하기 싫은 일을 억지로 시키면 정말 의욕이 안 난다.

목표 의식 | | |

인생의 목표를 잡고, 거기를 향해 나가면 성공 확률은 더 높아진다. 수많은 방해 요인들이 있지만 내가 뭘 해야 하는지 안다면 어떻게든 목적지까지 갈 수 있다.

현실 인식 | | |

친구들과의 우정이 중요하다고 하지만, 인간관계는 평생 가기가 참 힘들다. 중고교 친구는 추억으로 좋긴 하지만 사회생활을 하다가 보면 서로 생각이 다르고, 직업적으로 이권이 충돌하는 경우, 차라리 안 만난 게 나을 때도 있다.

친구를 경쟁자로 내모는 시스템에 대한 책임론을 제기할 필요는 없다. 어차피 나중에는 기성세대든 후배 세대든 생존을 위해 경쟁을 펼칠 수밖에 없는 존재들이니까.

공부를 잘한다고 아주 잘 사는 것도 아니지만 적어도 과정을 통해 발전할 수 있다는 것을 인식하고, 노력해야 한다.

Part 5

수능
D-7

교과서, 노트정리 다시 보기

내가 정리한 자료가 새로운 문제집보다 낫다 ‖‖

오답노트를 만들라는 사람이 있지만 나 같이 그런 게 필요 없다는 이들도 있다. 겉으로 보기엔 대칭되는 주장이지만 둘 다 공통적으로 강조하는 게 있다. 바로 모르는 것을 알도록 하라는 것이다.

오답노트가 필요하다는 사람은 오답노트를 보면서 모르는 것을 숙지하라는 뜻이고, 나 같은 입장에선 노트 만드는 자체가 귀찮으므로 대충 정리해서 한 번이라도 더 보라는 주장이다.

수능이 얼마 남지 않은 시기, 문제를 많이 푸는 것은 중요한 게 아니다. 모르는 것을 체크하는 동시에 그 부분을 숙지하는 것이 중요하다. 오답노트나 반복 학습의 의미는 사람은 같은 실수를 반복할 수 있으므로 그런 틈을 메우라는 뜻이다.

정리를 한 자료는 분명 필요하다. 그게 오답노트의 형식인지, 나처럼 대충 묶은 자료인지는 개별적인 선택에 맡길 뿐이다.

첫 사랑을 잊을 수 없단 말이 있다. 꿈에서 집을 기억하면 어릴 때 살던 곳이 생각나는 게 일반적이다. 뭔가 연계가 약한 말들 같지만 강조하고 싶은 말은 기초가 되는 건 일단 하나여야 한다는 것이고 그건 내가 정리한 자료가 되어야 한다.

새로 집어넣기보다는 정리할 시기 | | |

이 시기엔 기본 자료를 다시 다지면서 틀리지 않게 하고, 과거 틀렸던 문제들을 살피거나 기존 수능 및 평가원 모의고사에서 애매했던 부분을 짚고 넘어가야 한다. 이렇게 해도 시간이 남는 경우에만 새로운 것을 본다.

나는 오답노트가 제대로 갖춰지진 않았지만 완전히 아는 문제는 다시 안 봐도 되도록 크게 X표를 쳤고, 필요한 부분은 다양한 기호나 여러 색, 총 10색의 형광펜으로 마크했다. 기본 여섯 종의 형광펜이 있지만, 섞어서 색을 내기도 했고, 그런 절차가 귀찮으면 색연필로 표기하거나 채색하면서 기억에 남도록 했다.

만약 사회 과목을 공부할 때, 나눠서 기억해야 할 부분을 각각의 형광펜으로 칠한다면 기억하기 쉽다. 어차피 객관식이므로 기억할 때 다른 색이 떠오르는 걸 찍으면 되니까. 이렇게 나눠서 정리하는 게 꼭 이 시기에만 해당하는 건 아니지만 만약 늦었다면 이 시기에라 도 하도록 하자.

기본서를 바탕으로 틀린 부분이나 모르는 걸 짚고 넘어가고 지겨 우면 새로운 문제를 푸는 게 좋겠다고 말했었다. 나의 경우엔 기초 를 다져나가면서 점점 약점을 줄이니 틀린 문제의 숫자가 줄어들었 다. 초기 60% 정도였던 과학 과목은 95% 이상 맞는 수준으로 올라 왔고 수학이나 영어 역시 만점에 가까워지면서 어느 정도 자신감이 생겼다.

다소 느슨하던 나의 그물은 점점 촘촘하게 짜졌고 빠져나가는 문 제들이 줄어갔다. 이는 자료 정리를 통해 약점을 보완함으로써 가능 했다. 이렇게 하면서 풀지 못하는 문제는 점점 줄어갔다. 내용을 알 면 응용이 가능하기에 나온 결과였다.

일주일간 몸에 익혀야 할
실천적인 방법들

02

안 풀리는 문제는 다른 방법을 쓴다 | | |

쉬운 문제부터 풀고 어려운 것은 나중에 푼다. 막막한 경우 다른 해법을 찾아야 한다. 우선 수학에서는 양치기, 혹은 노가다 수학이란 기법도 가능하다. 이런 이유로 내가 암산을 강조했는데, 일단 문제를 빨리 풀면 검산도 쉽고 잘 안 풀리는 경우에는 시간을 대량 투자해서 풀 수 있다. 수학은 길이를 재고 각도를 추정해서 전혀 아닐 법한 보기는 제거해야 한다. 이런 일을 하기 위해서는 루트의 값도 대충 알고 있어야 수월하다.

잘 풀리지 않을 때는 한 발 물러서서 풀어본다. 분위기가 원인이든 컨디션이 원인이든 수능 날 긴장할 수 있다. 이런 경우 제 실력이 안 나오고 머리도 평소와 같이 돌아가지 않는다.

'낯설게 보기'라는 방법이 있다. 나의 편견이 무너지는 순간 다른 아이디어가 반짝 빛날 때가 있을 것이다. 한 단계 위에서 바라보면 의외의 결과가 나올 수 있다. 사람은 자기의 편견으로 사물을 바라보는 경향이 있기에 내가 알고 있는 개념 같지만 실제론 그렇지 않을 때도 많다. 쉬운 건 아니지만 출제자의 입장으로 생각해 보는 방법도 있다.

이런 훈련은 사실 평소에 해둬야 한다. 평가원 모의고사나 과거 수능 시험지를 놓고 사람들이 분석한 자료를 보면서 나의 생각과 어떻게 다르게 접근했는지를 고민하면 다양한 해법이 나온다.

수능에 답은 무조건 있다고 생각하자 ┃ ┃ ┃

수능에 답은 무조건 있다는 건 지극히 뻔한 이야기이지만 이런 전제를 가정하고 시험에 임한다면 마음이 편해진다. 만약 답이 없거나 두 개인 경우를 생각해 봐라. 그건 주관식보다 더 괴롭다.

세상을 살다 보면 답이 나오는 일이 그리 많지 않다. 행복과 웃음을 준다는 사람이 우울증으로 고생하고, 남에게 해답을 주는 사람이 실제 본인의 문제로 괴로워하는 경우가 적지 않다. 그것을 생각하면 수능은 편한 것이다.

사회에 나온 뒤 난 정말 답이 안 나왔다. 내가 성공 모델로 삼은 사람들이 알고 보니 이미 정해진 자리를 차지한 것뿐이란 불편한 진실이 눈에 보였다. 반면 나는 스스로 헤쳐야 했으나 주변에 세상을 제대로 알려줄 이가 없었다.

그런 상황에서 마음을 비우고 동네에서 의료행위를 하겠다고 생각한 뒤 시작한 입시는 답이 있어 차라리 편했다. 초기 모의고사 점수는 별로였지만 최소한 답은 있는 것 아닌가.

잘만 고르면 맞힐 수 있다. 어려워 보이지만 세상엔 더 어려운 일이 많다. 답이 무조건 있으니 이를 찾는 상황은 최악이 아니다.

자신 있게 시험에 임하자 ▮▮▮

나에게 어려우면 남에게도 마찬가지이다. 그간 준비한 걸 아낌없이 발휘한다는 생각으로 시험에 임해야 마음 편히, 그리고 잘 볼 수 있다. 결과가 좋을 것이라고 믿으면서 시험에 임하면 실수할 확률도 줄고 문제가 제대로 보인다.

운동선수 중에 국내용과 국제용이 따로 있다는 말처럼 마음가짐은 실전에서 중요한 변수가 된다. 나보다 약하다고 생각하면 상대의 움직임이나 약점이 보인다. 하지만 상대가 강해 보인다고 생각하면 겁이 나고 위축되면서 실력 발휘를 하지 못할 가능성이 크다. 어차피 상대는 수능 시험이다. 다른 이도 똑같은 상대를 상대하고 있으니 자신 있게 가도록 하자. 대범하게 임한다면 분명 능력을 좀 더 발휘할 수 있다.

토론할 때를 예로 들어보겠다. 대화 중 감정에 휘말린 사람과 냉정함을 유지하는 사람의 차이는 큰데, 감정을 절제하지 못하는 이는 보통 논쟁에서 지는 경우가 많다. 냉정하게 상대의 약점을 찾는 자세를 갖춘다면 실제 상황에서 더욱 냉철하게 답을 찾을 수 있다.

이건 내가 고교 공부를 우습게 보는, 다소 오만한 태도에서 기인한 일인지도 모르겠지만 나는 내용을 다 알면 도저히 틀릴 수 없다고 생각했다. 자신감인지 맹목적인 믿음인지 모르겠지만 모의고사에서 망치더라도 수능에선 점수가 높을 것이라 생각했고, 틀린 부분들만 다져간다면 언어를 제외한 과목에서 만점에 가까운 점수를 얻을 것이라 봤다. 그게 옳은 생각인지 모르겠지만 결과적으론 노력과 자신감이 시너지 효과를 냈다고 본다.

시험을 앞두고 숙면을 취하자 ㅣㅣㅣ

큰 시험을 앞두고 잠을 잘 못자는 사람들이 있는데 이는 당일 컨디션에 큰 차이를 보인다. 나는 몇 차례 본 입시에서 대부분 모의고사보다 점수가 잘 나왔는데, 여기엔 전날 잠을 잘 잔 것도 도움이 되었다.

나의 이전에도 수많은 입시생들이 있었고 나와 같이 시험 보는 이들도 많으며 앞으로도 대부분이 거쳐 갈 관문이라 생각하면 그렇게 떨릴 이유는 없을 것이다. 긴장은 실수를 유발하는 가장 큰 원인이다.

시험 전날 커피, 야식 등 신경을 예민하게 하는 음식을 피하고, 깊게 심호흡을 하거나 명상을 취하고, 저녁에 목욕을 한다. "나는 잘 될 것이고 좋은 결과가 나온다"는 생각을 한다면 숙면이 가능하고, 피로가 줄어든 상태에선 문제를 더욱 잘 풀 수 있다.

긴장은 마음의 독 ┃ ┃ ┃

연애를 할 때 너무 떨면 오히려 상대가 부담을 갖는 반면, 편하게 대하면 일이 잘 풀리는 경우가 많다. 긴장할수록 실수가 잦고 흔들리는 게 보이기 때문에 상대가 매력을 찾지 못하는 것이다.

시험도 마찬가지다. 물론 긴장하거나 부담을 느끼지 말라는 말을 하는 것은 쉽지만 실천하긴 어려운 일이다. 그럼 어떻게 해야 할까? 나를 객관화시키면 부담을 덜 수 있다.

한 문제 한 문제에 떨지 말고 크게 보면 흔들릴 가능성이 적다. 수능시험은 나를 괴롭히려고 만들어 놓은 문제가 아니라 풀라고 만들어 놓은 문제다. 편히 마음먹고, 틀린 답만 배제하고, 안 되면 찍으면 된다. 그래도 확률은 올라갈 것이다.

나만, 혹은 우리 세대만 억울하다고 생각할 건 없다. 인생선배들도 겪은 일이다. 조금 나은 세대도 있었고 더 안 좋은 세대도 있었다. 그런 복잡한 생각까지 할 것 없이 일단 내가 통과해야 할 벽이라고 생각하자.

별 것 아니고 당연히 가야 할 길이라 생각하면 부담이 줄어들 것이다. 어떤 이에게는 수능이 지금까지 겪은 인생 중에서 가장 큰 사건일 수는 있지만 다른 모든 사람이 통과하는 관문이다. 다른 길을 가는 사람도 있겠지만, 이 책을 보고 있는 독자라면 이 관문을 통과하겠다는 각오를 이미 한 사람들이다. 이제 와서 피하려고 들면 더욱 고통스러운 일이 기다릴 것이다. 나에게 주어진 이 고통이 학도병 모집이나 참전같이 생사를 건 기로도 아니다. 별것 아니라 생각하자.

나를 믿자 ❙❙❙

이 시기에는 좀 독하게 마음먹고 나에게 집중하도록 하자. 물론 생각지도 못한 일이 생길 수는 있겠지만 최선을 다해 노력해보자. 최악의 경우 내년을 기약한다 하더라도 한번 최선을 다해 노력해보면 생각이 달라진다.

한번 해본 것과 안 해본 것은 차이가 난다. 사람도 첫번째 사귀는게 어렵지, 한번만 잘하면 그 다음부터는 문어발 연애도 가능하듯, 공부를 한번 열심히 노력한 자체만으로도 그런 패턴을 몸에 각인시킬 수 있다.

이 시기는 인생에 관계된 많은 걸 다르게 만들 수 있는 때다. 나의 현재 상황에 집중하고 최선을 다 하자.

나에게 현재 세상에서 가장 믿을 만한 사람을 말하라면, 다름 아닌 나를 꼽고 싶다. 내가 나를 못 믿어서는 곤란하다. 학생 때는 아직 이 말이 와 닿지 않을 것이다. 하지만 사회생활을 하고, 여러 다른 친구들을 만나고, 유명인이나 내가 우러러 봤던 사람들을 실제로 만나 그들의 이면을 보고 나서는 이런 결론에 쉽게 도달할 것이다. 누구든 날 배신할 수 있고 버릴 수 있다. 의도는 아니지만 날 이해하지 못하는 경우도 많다. 나는 나라는 존재를 계속 만나지만 다른 이들은 스쳐갈 뿐이다. 내가 나를 버리는 순간 인생은 끝을 모르고 추락한다.

나는 회사 다니던 시절 나를 너무 싫어했다. 목표는 컸지만 현실은 회사의 밑단에서 그리 대단치 않은 일을 하는 것이었다. 이렇게 정신없이 살다가 나이가 들면 퇴직해야 하고, 결국 서투른 자영업자가 되는 모습이 떠올라서 견딜 수 없이 싫었다. 주변에선 왜 그런 생각을 하는지 이해하지 못했기에 외롭다는 생각에 우울함을 느끼기 시작했다.

이 시기에 난 세상을 버리고 나에게 손을 내밀었다. 나를 객체로 봤고 문제점을 찾았다. 1장에서 언급한 것처럼 내 인생을 결정했다. 진로 변경을 결정했으나 당시 대학생 선호 1위 기업을 퇴사한다는 나를 주변에선 이해하지 못했다. 설득할 이유도 없었다. 내 인생은 내가 살 뿐이고 남들은 스쳐가는 사람일 뿐이다.

직장생활을 비하하는 것이 아니다. 직장생활을 하는 나를 사랑한다면 그 또한 보람 있는 일이다. 어쨌든 이 시점에서 하고 싶은 말은 내가 나를 믿으면 인생이 바뀐다는 것이다. 며칠 남지 않은 수험생 생활 이제 와서 고민 많이 해봤자 소용없다. 스스로를 믿어라.

Part 6

수능 당일

수능 날
쉬는 시간의 활용법

01

열심히 준비한 수능에서 좋은 결과를 만들기 위해선 쉬는 시간을 제대로 써야 한다. 쉬는 시간을 허비하지 말고 시험을 위한 모드로 전환하면 한두 문제 정도는 더 맞힐 수 있다.

화장실에 빨리 갔다 와라 | | |

줄을 서서 기다리는 것도 시간 낭비다. 수능 날 쉬는 시간 5분은 이후 인생에서 5일 이상의 위력이 있다. 만약 아는 친구를 만나서 이전 교시에 대한 이야기를 나눈다면 정말 소모적이다. 어차피 답안지는 넘어갔고 만약 실수로 틀린 문제를 알게 된다면 심리적인 패닉 상

234

태가 될 수도 있다.

친구 혹은 지인과 대화하지 말자 | | |

토익시험을 볼 때, 초보들은 앞 문제를 놓친 뒤 흔들리다가 뒤의 문제까지 연이어 놓치면서 도미노 식으로 무너진다. 정답도 없는 상황에서 돌이킬 수도 없는 일에 미련을 갖지 말자. 그거 하나 더 맞아도 별일 아니고 실수로 틀린 걸 발견하면 스트레스만 커진다.

이전 시간의 결과에 따라 감정이 동요되는 건 최악이다. 그나마 격투 스포츠는 밀리는 상황에서 한 방에 역전을 노릴 수 있지만 수능은 테니스 같은 것이다. 앞 세트를 졌으면 뒤 세트를 이기는 것밖에 방법이 없다. 시간제한이 있는 수능에서 심리적인 동요를 일으키는 것은 실패로 가는 큰 원인 중 하나이다.

고교 친구가 소중하게 생각되겠지만 어른들을 봐라. 나중에 먹고 살 만한 사람끼리 학연 지연 따져서 서로 필요한 관계나 만나지, 어렸을 때 알았다고 평생 같이 가는 경우는 드물다. 대학에 가면 못 만날 수도 있으니 괜히 추운 겨울에 친구 챙긴다면서 지나간 교시의 문제를 놓고 설왕설래할 필요 없다.

짧게 엎드려 자라 | | |

쉬는 시간에 잡담할 시간이 있으면 차라리 낮잠을 자라. 긴장도 풀고 머리가 쉬는 동시에 잡담을 막을 수 있다.

아무리 외워도 외워지지 않는 것을 준비해 와서 본 뒤 잠을 자고, 시험을 앞두고 책상 정리하기 전에 다시 한 번 보는 것도 나쁘지 않다. 문제지를 받자마자 그 외워지지 않던 것을 문제지에 옮겨 적은 뒤 다른 문제를 풀면 된다. 운이 좋은 경우 한 문제 정도 건질 수 있고, 그게 아니라 하더라도 손해는 없다.

배가 고픈 사람은 초코바라도 먹어라 | | |

혈당이 급히 올라가는 건 현대 사회인의 문제이긴 하지만, 뇌는 포도당을 먹고 활동하기에 수능 날 적당히 당분을 공급하는 건 나쁘지 않다. 2교시 정도 지난 후 초코바를 먹거나 평소 커피를 먹던 사람은 설탕 커피를 먹는 것도 좋다. 난 한의사로서 설탕을 줄이라고 환자에게 지도하지만, 시험을 볼 때 급히 당분을 공급하는 의미로는 설탕이 나쁘지 않다고 본다.

정리하면 다음과 같다. 화장실 빨리 갔다 오고, 이전 교시 문제는 다시 생각하지도 말며, 긴장을 풀기 위해 짧게 잠을 자거나 엎드려서 아예 다른 생각을 하든지, 모르는 내용을 다시 한 번 봐라. 그리고 멍하거나 배가 고플 수 있으니 커피를 먹던 학생은 설탕 커피를, 아니면 초코바라도 먹어라. 설탕이 건강에 위협이 되고 엎드려 자는 것 역시 허리건강에 안 좋을 수도 있지만 일단은 수험생의 입장이 정말 중요하다. 어떤 방법을 동원해서라도 한두 문제 더 맞는 전략을 취하자.

❶ 가방은 가볍게 한다.

어차피 시험장에 가면 볼 내용도 없고 새로 머리에 들어오지도
않는다.

❷ 내게 꼭 필요한 것들만 준비한다.

오답 노트를 만드는 사람은 그걸 들고 가든지, 나처럼 오답노
트가 없는 사람은 시험 직전에 꼭 봐야 할 자료를 가져간다. 가
령 공식이나 특정 암기 사항을 정리해 바로 문제지에 적어놓으
면 도움이 된다.

❸ 옷은 얇게 여러 벌 입고 간다, 양말도 챙긴다.

고사장의 온도는 알 수 없다. 히터 바로 앞에 있을 수도 있고 문 앞에 있을 수도 있기에 여러 겹을 입고 가서 때에 따라 하나 둘 씩 벗어놓는다.

발이 시리다고 호소하는 여학생들이 많은데, 양말을 따로 더 준비한다. 수면양말도 좋다.

❹ 절대로 핸드폰이나 MP3는 들고 가지 않는다.

들키면 부정행위이고 설혹 안 들기더라도 신경이 쓰여서 안 가져가느니만 못하다.

❺ 신분증은 꼭 지참한다.

신분증은 미리 준비한다. 없으면 시험을 못 본다는 사실을 명심해라.

❻ 여학생은 방석과 담요를 갖고 간다.

추울 수 있으니 옷을 여러 겹 입든가, 방석이나 담요로 체온을 유지한다.

❼ 물은 준비하되 너무 많이 먹진 마라.

500ml 두세 개 정도 들고 가서 마신다. 대신 초조하다고 물을 너무 많이 먹지는 마라. 땀으로 배설이 잘 안 되기에 소변이 마

려울 수 있다.

❽ 시계를 챙겨라.
시간을 봐야 하므로 시계가 필요하다.

❾ 연필은 미리 깎고 샤프도 챙긴다.
시험장에서 샤프는 나누어주지만 연습할 때 사용하거나 마음
에 안정을 위해서 챙겨라.

❿ 물티슈도 필요하면 챙긴다.
언제 무슨 일이 일어날지 모른다. 주변을 정리하기 가장 좋은
도구가 물티슈다.

⓫ 도시락은 가볍게 챙긴다.
허기를 때울 수 있고 혈당이 떨어지지 않을 음식이 좋다. 민감
한 경우엔 죽을 먹어도 좋다.

⓬ 초콜릿 바나 사탕을 준비한다.
평소엔 피해야 할 음식이지만 혈당이 떨어져 집중력이 하락할
우려를 막는 음식들이다.

수험생의 건강

● 음식

　3대 영양소가 단백질, 지방, 탄수화물인 건 다 알겠지만 수험생에겐 탄수화물이 큰 의미를 지니고 있다. 황제 다이어트라고 들어보았을 것이다. 탄수화물을 극도로 줄이는 경우, 몸이 지방을 축적하지 않는 기전으로 가면서 살이 덜 찌는 원리를 이용하는 것인데, 밥이나 빵 같은 탄수화물을 줄이고 고기 위주로 식사를 하면, 일차적으로 탄수화물이 분해된 포도당을 에너지로 쓰다가 그게 부족하면 지방을 분해해서 에너지원으로 쓴다.

　이 경우 체지방이 '케톤'이라는 강한 암모니아 냄새를 가진 물질이 되는데, 이는 불완전 연소된 지방산이다. 만약 포도당이 없다면 뇌에서 이런 불완전 지방산을 쓰는데, 아침을 안 먹고 공부하는 학생에게도 같은 현상이 일어난다. 사람을 차에 비유한다면 탄수화물이 적당히 있는 아침을 먹는 것은 고급휘발유를 넣는 격이고, 아침을 안 먹으면 저급한 기름을 넣는 것과 마찬가지라 하겠다.

　아침을 굶는 것을 다이어트에 응용할 수는 있겠지만 수험생은 좀 특수한 상황이다. 어차피 공부를 위해 1년을 바친 것이고, 졸업사진은 연예인 하지 않을 거라면 별 필요가 없을 테니 외모보단 학업에 열중하는 게 좋다.

혈당이 떨어지면 뇌에도 문제가 생겨 학습능률이나 기억력 및 사고에 문제가 생기므로 아침식사는 이런 현상을 방지할 수 있다.

혈관계는 주로 나이가 많은 사람이 신경 쓰는 분야이기는 한데, 그래도 피가 맑기를 원한다면 붉은 고기의 육류보단 생선류가 좋다. 이는 오메가 6가 많은 붉은 고기는 혈관을 탁하게 만드는 반면, 오메가 3가 많은 생선이나 식물성 기름은 심혈관계를 깨끗하게 만드는 효과가 있기 때문이다.

해산물을 많이 먹는 지역의 사람들이 상대적으로 평균수명이 긴 까닭은 생선이나 식물성 기름과 고기 기름의 차이 때문이다. 혈관이 깨끗하다면 두뇌에도 도움이 되므로 가급적이면 생선을 먹는 게 좋겠다. 하지만 개인적인 생각으론 아침을 잘 챙겨 먹는 게 수험생에게 훨씬 더 큰 변수가 되지, 고기와 생선의 차이는 훗날 고혈압, 고지혈증 같은 성인의 대사성 질환과 관련이 있을지언정 수험생에겐 의미가 많지 않아 보인다.

생선이나 식물성 기름도 다 좋은 건 아니다. 참치같이 덩치가 크고 먹이사슬에서 상위에 있는 생선은 과학에서 배우듯 생물농축으로 인한 중금속 축적이 심각하고, 특히 수은 함량이 높으므로 조심하는 게 좋다. 덩치가 작은 꽁치나 정어리, 삼치 등이 훨씬 더 좋다. 식물성 기름이라 하더라도 라면에 들어가는 팜유나 야자유 같은 건 오히려 붉은 살을 지닌 고기의 기름보다 더 안 좋으므로 줄여야 한다.

고기와 생선 기름을 비교했듯이 지방에 대해서도 신경을 써야 한다. 지방류는 무조건 피해야 하는 것이 아니다. 지방은 뇌막이나 세포막엔 중요한 역할을 하므로 견과류나 생선에 들어 있는 불포화 지방산을 먹도록 한다.

간단하게 정리하면 과자나 라면을 피하고 견과류를 먹되, 미리 볶아놓은 땅콩 같은 건 기름이 산화되어 상했을 수도 있으니 조심하는 게 좋다. 굳이 라면이 먹고 싶다면 튀기지 않은 생면을 먹거나 면과 스프를 따로 끓이는 것이 좋다.

커피는 좀 애매한 면이 있다. 졸릴 때 각성 효과를 주기에 필요한 사람이 오전에 먹는 건 나쁘지 않으나 밤에 먹으면 잠을 설칠 가능성이 크다. 카페인이 많은 음료는 중추신경을 자극할 뿐 아니라 탈수를 촉진시켜서 대사를 떨어뜨릴 수도 있는데, 특히 요새 나오는 에너지 드링크에는 카페인이 농축되어 엄청난 양이 들어 있기에 커피 한두 잔 마시는 것보다 훨씬 좋지 않은 영향을 남긴다.

Part 7

수능 후

전공은
어떻게 정할까?

01

2004년 원서를 쓸 때 너무도 놀란 점은 하위권 대학의 의과대학이라 하더라도 서울대 공대보다 점수가 높다는 사실이었다. 이건 아니라고 봤는데 비용이나 시간은 좀 더 들겠지만 만약 그 점수로 서울대 생명관련 학과를 간다면 장학생일 것이고 졸업 후엔 서울대 간판이 생기며 이름이 높은 의학전문대학원을 갈 수 있을 것이니 미래가 훨씬 더 나을 것이라 생각했기 때문이다.

입시는 유행이다. 내가 건축과에 지원할 당시는 건축과의 지원 가능 점수가 매우 높았다. 한의대는 내가 입학하기 전년도가 가장 높았고 나는 두세 번째로 높던 시기에 입학했다. 내 스스로가 미래를 정확하게 예측하지 못했으니 조언을 하기엔 부족할지 모르지만, 본인의 적성이나 욕망, 그리고 미래의 변화를 예측해 택하는 것이 옳다고 본다.

　예전엔 공대에서 광공업 관련 학과가 최고인 적도 있었다. 70년대엔 화학 관련 학과가 뜨기도 했고, 80년대엔 전자공학, 90년대엔 건축, 2000년대 이후엔 IT관련 학과가 주목을 받았다. 의학과는 서울대를 제외한 각 학교에서 부동의 1위를 달리다가 IMF 이후 서울대에서도 1위로 치고 올라갔다. 지금은 상상하기조차 어려운 일이지만 서울대 의대를 붙었다가 재수해서 물리학과를 갔던 사례도 있었고, 한양대 의대를 붙었다가 재수해서 서울공대에 간 일도 있었다.

　금융의 흐름을 고찰하면 미래에 뜰 직업을 대략 예상할 수 있으며 사람이 모여들고 사람의 욕구를 충족시킬 수 있는 직업을 찾는다면 전공으로서 분명 가치가 있다.

　내가 남에게 대우받기보다는 남에게 가치를 줄 수 있는 일을 선택한다면 상대적으로 먹고사는 데 어려움은 없을 것이다. 간호사는 사람이 항상 부족한 직종으로 꼽힌다. 힘들기 때문이다. 반면 예술가는 안타깝게도 극소수만 생업을 영위할 수 있을 뿐이다. 힘이 들어야 보상이 따를 것이니 고달프지만 타인의 요구에 맞춰줄 수 있는 일을 택한다면 갈수록 힘들어지는 이 세상에서 먹고살 길이 열릴 것이라 생각한다. 미래의 수요와 인구변화를 예측하면 좀 더 밝은 미래가 보장되는 직업을 택할 수 있을 것이다.

자유를 즐기고
미래를 설계하라

2012년 11월 8일, MBC 라디오 〈별이 빛나는 밤에〉에 출연했다. 수험생들로부터 시험 후 어떻게 해야 하는지에 대해 질문을 받았는데, 일단 고민하지 말고 마음 편히 가지라는 말을 했다.

너무 늙은 사람이 하는 소리 같지만 수험생활이 인생에서 가장 큰 고통은 아니다. 10대 후반까지 입시에만 집중했기에 아무래도 부담이 크겠지만, 인생이 입시를 기점으로 완전히 바뀐다고 말하긴 어렵다.

수능은 인생에서 중요한 전환점은 맞지만 끝은 아니다. 이후 살면서 여러 가지 길이 열리고, 전공과는 상관없이 사는 경우가 많다.

일단 입시가 끝났으니 결과를 번복할 수는 없다. 본인이 생각한 결과에 부합하지 않으면 다시 한 번 더 볼 수도 있고, 현재 점수로 적당한 곳을 가려면 그렇게 해도 좋을 것이다.

내가 느끼기에 가장 중요한 부분은 남의 요구를 파악할 줄 아는 능력, 내가 선택한 분야에 대한 실력과 자신감, 성실한 태도가 아닌가 싶다. 이에 대해 학업은 상당한 유의성이 있는 조건은 맞지만 필요충분조건은 아니다.

__ 남의 요구를 파악할 줄 아는 능력을 위해 남의 심리를 파악하고 눈치 빠르게 행동하면서 나의 고집을 적당히 줄이도록 한다.
__ 선택한 분야에 대한 실력과 자신감은 학습과 체험을 통해 늘릴 수 있을 것이다.
__ 성실한 태도는 시간을 잘 지키면서 예의바른 태도를 견지한다. 궁극적으론 이 부분이 사회생활에 있어서 정말 중요하다.

입시가 중요한 전환점이긴 하되 인생의 끝으로 생각하지 말고 하나의 통과제의로 넓게 보면서 살았으면 한다.

Part **8**

수능 대박은
가능하다

대박
요점정리

01

난 수능 50일 전 모의고사에서 19%였지만 시험에선 완전히 다른 결과를 냈다. 수학은 처음으로 만점을 받았고 과학탐구 역시 가장 높은 점수를 얻었다. 영어는 조금 실수했지만 핵심 과목들은 소기의 목적을 이뤄냈다.

정확히 알 수는 없지만 수험생 사이트 '오르비' 추정치로 수학/과학/외국어 예상석차 0.25~0.3%가 나왔고 전체과목으로는 1.2% 정도였다. 모의고사 중 제일 잘 본 게 전국 3%였고 수능모의고사 내내 예상석차 10% 밖에서 움직이다가 50일 전 19%까지 찍은 것을 생각한다면 기적이라 하겠다.

가장 마지막 모의고사에선 전국 9%였는데, 당시 한의대는 아무리 낮아도 1.2% 정도 이내에 들어야 했고 치대도 2% 안은 나왔어야 하

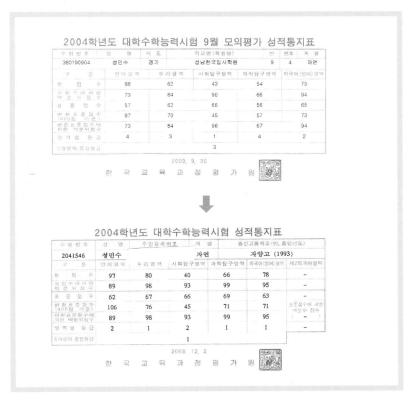

2004학년도 대학수학능력시험 9월 모의평가 성적통지표

수험번호	성 명	시 도	학교명(학원명)	반	번호	계 열
380190904	성민수	경기	성남한국입시학원	9	4	자연
구 분	언어영역	수리영역	사회탐구영역	과학탐구영역	외국어(영어)영역	
원 점 수	88	62	43	54	75	
원점수에 의한 백분위점수	73	84	96	66	94	
표 준 점 수	57	62	66	56	65	
변환표준점수 (400점 기준)	97	70	45	57	73	
변환표준점수에 의한 백분위점수	73	84	96	67	94	
영역별 등급	4	3	1	4	2	
5개영역 종합등급			3			

2003. 9. 30

한 국 교 육 과 정 평 가 원

2004학년도 대학수학능력시험 성적통지표

수험번호	성 명	주민등록번호	성 별	출신고등학교(반, 졸업년도)			
2041546	성민수		자연	자양고 (1993)			
구 분	언어영역	수리영역	사회탐구영역	과학탐구영역	외국어(영어)영역	제2외국어영역	
원 점 수	97	80	40	66	78	–	
원점수에 의한 백분위점수	89	98	93	99	95		
표 준 점 수	62	67	66	69	63		
변환표준점수 (400점 기준)	106	76	45	71	71	표준점수에 의한 백분위점수	
변환표준점수에 의한 백분위점수	89	98	93	99	95		
영역별 등급	2	1	2	1	1		
5개영역 종합등급			1				

2003. 12. 2

한 국 교 육 과 정 평 가 원

나를 보더라도 역전은 가능하다

기에 희망을 갖기 어려운 성적이었지만 실전에서 역전타를 쳤다. 동국대 의대로 내려갈 생각은 별로 하지 않았었다.

아주 예전 이야기이지만, 학력고사 때도 점수가 막판 대폭 올랐었다. 난 시험에 강한 편이다. 퇴사 후 45일 동안, 실제로는 보름 정도 집중적으로 공부해 의대에 편입한 이력도 있다. 나의 역전 비결을 간단하게 정리하겠다.

❶ 강한 자기 확신이 있었다.

남들은 착각은 자유라 생각했겠지만 수능 결과가 좋을 것이라 확신했다. 고등학교 시절에도 내신보다는 모의고사, 모의고사보다는 실제 대입에서 점수가 잘 나왔는데, 항상 위기에 몰리면 정면 돌파해서 승리한다고 생각했고 실제로 그랬다.

애써서 다른 수험생들은 잘못 볼 것이라 무시했다. 불특정 다수를 폄하했다는 게 아니라 모의고사와 실전은 다를 것이라 생각했고 남들은 실전에서 헤매겠지만 난 차분하게 잘 풀 것이라 믿었다.

이는 승산이 낮은 '언더 독' 파이터(열세로 지목된 파이터)가 준비를 체계적으로 해서 강자를 잡는 것과 비슷한 자세이다. 어차피 상대도 약점이 있으니 내가 할 것만 하면 분명 이길 가능성은 있다는 식의 믿음이다.

❷ 마음의 여유를 가졌다.

나도 그리 마음이 편치는 않은 상황이었다. 지금 생각하면 많은 나이도 아니었지만 당시에는 굉장히 늙었다고 느꼈고 모의고사 점수도 잘 나오지 않았으며 동국대 의대 본과 1학년으로 복학하는 건 심정적으로 원치 않았다. 그래도 최대한 긍정적인 면을 보려 했고 여유를 가졌다. 나에 대해 여유를 갖게 할 사람은 나뿐이다.

난 밝은 미래가 있을 것이란 생각을 했다. 일단 과거에 비해 공부할 분량은 적다는 데에 초점을 맞췄다. 예전에는 거의 모든 과목을 다 해야 했던 것에 비하면 공부할 양은 매우 적었다. 요즘 수험생은 내가 수능을 보던 해보다 공부할 분량이 더욱 적다.

최악의 경우라 하긴 그렇지만 난 의대 본과 1학년으로 복학할 수 있었고 수능에 떨어져도 다음 해에 처음 시행되는 치의학 전문대학원 시험은 나에겐 아주 유리한 시험이었기에 마음을 편히 가지려 했다. 아무것도 못할 것이란 두려움은 없었다.

그래도 공부는 대충 하지 않았다. 하루 15시간 공부하면서 최선을 다 했으며, 그저 여유를 찾기 위한 대피 공간 정도를 상정했을 뿐이다.

여러분도 마찬가지로 뭔가 대피할 마음의 여유를 찾아라.

❸ 주변 이야기는 선별해서 들었다.

살면서 원칙이 있다면 필요한 사람의 조언은 듣되, 쓸데없는 이야기는 무시하자는 쪽이다. 난 주제를 모르고 조언하는 사람은 말하지 못하게 하지만 필요한 조언은 자청해서 듣고 신랄하게 비판받는 것을 전혀 두려워하지 않는다.

수능 당시, 식사를 차려준 어머니 말고는 고마운 사람이 없었다. 어차피 내 복이다. 아닌 사람들은 포기하는 게 정신 건강에 좋다. 도와주지 않는다고 투덜댈 필요도 없고 그런 사람들의 말을 귀담아 들을 필요도 없다.

수험생이라면 심리적인 부담도 점수에 연결될 수 있으므로 나를 지키기 위해서 쓸데없는 이야기는 듣지 않는 게 좋다. 작은 심리적인 자극이 점수에 영향을 미칠 수도 있기에 최선을 다 하는 과정에서 그렇게 했을 뿐이고, 지금도 전혀 후회하지 않는다. 필요한 조언은 내 것으로 삼되 만약 심리적으로 흔들리게 만들고 별 내용도 없다면 과감하게 쳐내라.

❹ 선택과 집중, 버릴 것은 버렸다.

처음엔 모든 과목을 잘 보려 했지만 생각보다 기간이 부족했고 언어에서 갖고 있던 내 한계가 나이가 들어서도 극복되지 않자 전국 19%를 찍은 뒤에 언어를 거의 버렸다. 언어는 비중을 줄이더라도 급격히 떨어지는 과목은 아니고, 실제로 아주 쉽게 나온 모의고사에선 잘 나온 적도 있었으며 난이도나 당일 상황에 따라 잘 볼 수도 있기에 운에 조금 기댔다. 100일 정도 남기고선 언어를 반영하지 않는 학교에 포커스를 두면서 외국어, 수리, 과학에 집중했다.

내 목표는 외국어와 수리의 만점, 과학은 1% 이내에 들어가려 했다. 결국 목표 가까이 이뤄냈다. 선택과 집중 작전으로 보면 나쁜 결과는 아니었다.

지금은 제도가 다르지만 이렇게 생각하면 좋다. 과목별 가중치나 학교별 입시 전형을 봐서 몇 군데 목표를 정하고 틈새를 찾아서 필요한 부분에 집중하는 것이다.

단원을 버리란 게 아니다. 전략상 반영이 안 되는 과목을 버렸을 뿐, 집중하는 과목은 하나도 안 틀리려고 정말 열심히 했다.

❺ 실천할 수 있는 계획을 세웠다.

나의 계획은 그리 촉박하진 않았고 항상 목표 이상을 해냈다. 어느 분량을 일정 시간에 풀기로 하고, 그걸 점검하면서 책 뒤에 체크를 했고, 주요 교재는 최소 5회 이상 반복해서 보니 점점 틀리는 부분이 줄었고 책은 머릿속에 남게 되었다.

계획을 실천할 수 있는 정도로 세우면서 반복학습을 병행하니 점점 점수가 올랐고 일정에 치이지 않았다. 몇 시까지 못 보면 안 된다고 스스로 압박을 준 게 아니라 탄력적인 시간 운용과 컨디션에 따라 효율이 달라질 수 있는 것도 감안해 별 어려움 없이 목표를 이뤄갔다.

❻ 건강을 지켰다.

아프면 어떤 일이든지 하기 힘들어진다. 원래 건강이 좋은 편이지만 더욱 건강을 지키려고 노력했다. 약간의 스트레칭을 했고 화가 나면 동네 운동장을 빨리 뛰면서 스트레스를 발산했다. 수험 기간 중엔 종합비타민제와 한약을 두 달 정도 복용했는데 이것들도 도움이 된 듯하다.

시험 중 딱히 느끼는 질환은 없었고 배가 잘 아프지도 않기에 제 컨디션대로 잘 풀었다.

❼ 모르는 건 내 것으로 만들었다.

과학 같은 과목은 처음에는 아무것도 모르고 모의고사를 봤지만 내용만 알면 남들보다 못할 이유는 하나도 없다고 생각했다. 책을 볼수록 내 것이 되어갔고 모르는 부분이 점점 줄면서 점수는 올랐다.

초기엔 성적이 잘 나오진 않았지만 개념을 익히고 실수를 줄이니 성적이 올랐다. 나이 어린 애들하고 비교하는 자체가 짜증나고 창피해서 열심히 할 수밖에 없었다.

성격이 워낙 게을러서 오답노트는 만들지 않았지만 모의고사에서 틀린 부분은 무조건 내 것으로 만들었고 문제집에서 틀린 부분 역시 알 때까지 확인했다. 오답노트가 없을 뿐, 반복학습과 틀린 문제 체크를 반복하니 나중엔 이해가 안 가는 부분이 하나도 없었고 실수만 없다면 다 맞을 수 있겠다는 자신감도 생겼다.

수험생의 건강

● 수험생의 다이어트

요즘은 연예인의 영향을 받아 살찌는 것 자체를 거의 죄악시 하는 분위기이다. 몸매가 뛰어난 연예인을 실제로 보면 정말 말랐다. 두 개의 눈으로 입체를 잡는 시선과 달리 하나의 렌즈로 보는 카메라는 아무래도 조금 살이 찌면 바로 퍼져 보일 수밖에 없기에 실제론 아주 앙상한 체격이 방송에선 멋진 몸매로 보이곤 한다.

개인적으로는 고3 때는 몸매보다 공부에 신경 쓰는 것이 낫다고 생각한다. 연예인 과거 사진이니 어쩌니 나오지만 그건 극소수 사람들에 해당하는 이야기고 어차피 대학 가서 살을 뺄 수 있기 때문이다.

그래도 어쩔 수 없이 몸매에 신경 쓰이는 수험생이라면 살 자체가 스트레스가 되어 공부도 안 될 것이기 때문에 공부의 효율성을 높이는 차원에서 그 방법을 소개하겠다.

사람은 외부에서 에너지원이 들어오면 활동하면서 필요한 것을 소비하고 남는 건 지방의 형태로 축적한다. 그런데 단기간에 대량으로 에너지가 들어오면 저축하는 양이 많아진다. 폭식이나 당분이 높은 음식을 집중적으로 먹으면 살이 찔 확률이 높아진다.

수험 중 스트레스를 받아 폭식하는 것도 증량의 원인이 된다. 스트레스를 받으면 세로토닌의 양이 줄어들어 포만감을 느끼는 정도가 늦어지니 폭식할 가능성이 높아진다. 여기에 맞물려서 스트레스를 덜 느끼기 위해 식욕이 자극되니까 결국 뭔가 먹고 살이 찐다. 수험생이나 직장 초년생이 과거에 비해 살이 찌는 건 이런 이유다.

동물들의 위협에서 자유롭지 못했던 원시시대나 먹을 것이 풍족하지 않던 과거에는 살이 찐 것을 나쁘지 않게 여겼지만 최근에는 살이 찌는 걸 가급적 피하려는 분위기다. 개인적으로 체중은 선택이라 보는데, 가장 중요한 건 몸무게에 신경 쓰지 않고 공부하는 것이다. 하지만 그럴 수 없는 경우라면 이렇게 해보자.

__ 한꺼번에 먹지 말고 나눠서 조금씩 먹도록 하자. 많이 먹으면 남는 에너지를 몸에 축적해 지방이 된다.

__ 과자같이 설탕이 꿀처럼 들어갔고 밀가루로 만든 음식은 조심한다.

__ 사탕이나 설탕 혹은 시럽이 많이 들어간 커피를 굳이 먹으려면 식사시간을 피해서 먹도록 한다.

__ 코코아는 달지 않은 걸로 먹도록 한다.

__ 밀가루 음식보다는 쌀밥을, 쌀밥보다는 잡곡을 먹되 천천히 먹

는다.

___ 간식으로 당분이 적은 과일 혹은 야채를 먹는다.

___ 혈당을 급히 올리는 설탕은 가급적이면 피하자. 식후 설탕제품
    을 먹는 건 치명적이다.

___ 폭식은 금물이고 과식도 하지 않는다.

___ 식사로 밥 두 공기, 혹은 라면 두 개보다는 밥과 반찬, 라면에
    콩나물로 먹는 게 살이 덜 찌는 비결이다.

___ 짠 음식은 줄이고 특히 밤에 짜게 먹지 않는다.

  그래도 웬만하면 살은 대학가서 뺄 수 있으니 체중에 너무 구애받
지 말고 공부하는 게 좋다.

내 공부법은 몇 가지로 요약되는데 단적으로 말하자면 딱 두 가지다.

첫째, 자신감을 가져라.
둘째, 알 때까지 반복학습을 해라.

자신감은 내 인생을 많이 바꿨다. 나는 고교시절까지 내가 모르는 세계에 대한 두려움이 약간 있었다. 강북의 공부 못하는 학교라서 우리 학교 친구들은 강남의 경기고나 세화고라고 거짓말을 하고 미팅을 했다. 대원외고를 합격했으나 내신이 안 좋을 것 같아서 피했다. 알 수 없는 것에 대한 두려움이 있었고 주변에서는 나에게 잘할 것이란 자신감을 주지 않았다.

영화 〈건축학 개론〉의 남자 주인공이 나온 연세대 건축과에 입학

하니, 내가 생각보다 경쟁력이 있는 인간이란 걸 깨달았다. 스스로 얻은 자신감으로 이후 세상과 대적했고, 지금 현재 나는 내가 생각한 건 거의 다 이뤘다. 자만심이 아닌 자신감 덕분에 당당하게 임했고 결과를 낼 수 있었다고 본다.

반복학습에 대한 이야기는 누구나 강조하지만, 사람의 머리는 한계가 있다. 특히 이과와 문과 스타일로 나뉘기에 수학이나 과학 영재가 언어까지 다 잘 하기는 쉽지 않고 한 번에 모든 걸 다 알 수도 없다. 그렇기에 하나의 흐름을 잡고 나서 계속 반복해야 결국 내 것이 된다. 그것이 내가 막판 성적을 대폭 올린 핵심 비결이다.

꼭 공부만이 답은 아니다. 그래도 공부를 하면서 어느 정도 계획대로 일을 진행하고 성취하는 맛을 아는 사람은 사회에서도 중용될 가능성이 높다. 이런 부분 때문에 명문대를 선호하는 분위기가 생긴 것도 무시할 수 없다.

학벌만이 능사는 아니고 노력으로 그런 부분을 상쇄한 사람도 있지만, 그들은 엄청난 실력을 고용주나 대중들에게 선보였고, 그 이면에는 엄청난 노력과 성실성이 분명 있었다. 그렇지 않으면 오래 갈 수가 없는 것이다. 그러니 공부하는 과정을 통해 자신의 인내력과 계획성을 키우고, 만에 하나 기대에 미치지 못하더라도 공부의 과정은 결국 어느 순간 빛나게 되어 있다.

살기 쉽지 않은 세상이 되어버렸다. 그런 상황에서 필자는 맡은 분야에서 적어도 흔적은 남기고 발전하는 모습을 보이고 있는데, 이는 어릴 때부터 유지한 성실한 학습태도와 세상에 대한 자신감 덕분이라고 생각한다. 그 노하우를 같이 공유하고 같이 발전하는 분이 계시다면 이 책을 쓴 보람이라 생각한다.

갈수록 늘어나는 환자분들, 그리고 외부 활동으로 인해 출판일이 미뤄진 점은 출판사 여러분께 죄송하다는 말씀을 드리고 싶다.